Cerddi'r Coleg a'r Coler

Cerddi'r Coleg a'r Coler

Dafydd Marks

y Lolfa

Argraffiad cyntaf: 2006

℗ Mair Marks a'r Lolfa Cyf., 2006

Mae hawlfraint ar gynnwys y llyfr hwn ac mae'n anghyfreithlon i atgynhyrchu unrhyw ran ohono trwy unrhyw ddull ac at unrhyw bwrpas (ar wahân i adolygu) heb ganiatâd ysgrifenedig y cyhoeddwyr ymlaen llaw.

Rhif Llyfr Rhyngwladol: 0 86243 908 6

Argraffwyd a rhwymwyd yng Nghymru
gan Y Lolfa Cyf., Talybont, Ceredigion SY24 5AP
e-bost ylolfa@ylolfa.com
gwefan www.ylolfa.com
ffôn (01970) 832 304
ffacs 832 782

Cynnwys

Rhagair	7
Yr Awen	8
Llangathen	9
Rosteca	11
Llanddeiniolen	12
Ecce Homo	14
Y Gorchudd	16
Y Bedol	21
Glyn Abbey	22
Y Clefyd	23
Terfysgoedd Daear	24
Gwaed	33
Judas Iscariot	34
Y Neidr Lwyd	39
Cwynfan Llywarch Hen ar ôl ei Feibion	40
Aiwnia, y Dduwies Dragwyddol	43
Rhyngom Ni	47
Yr Ifanc wrth yr Hen	48
Jeanne D'Arc	49
Yr Aflonyddwyr	50
Y Felin a Fâl a Fyn Ddŵr	51
Adlais y Deffro	56
Brain	57
Hen Bren	58
Coed Celyddon	59
Brwydr yr Anialwch	61
Dewi Sant	62
Teyrnged i Athrawes	67
"Isylog"	68
Siâp a Rhif	69
Pe Bai	70
Croeso i'r Ŵyl	71

Englynion ar Achlysur Ymddeol Mr W S Jones	72
Cywydd Cyfarch yr Hybarch J S Jones	73
Yn Lifrai'r Gŵr	75
Englynion i'r Canon T R Evans	76
Englyn Diolch i Mr John Phillips	77
Malwod	78
Yw Nyfer	79
Cyffes a Gweddi	80
Atodiad – Dwy Ysgrif	81
Tro'n y Wlad	81
Tyddewi	84

Rhagair

Brodor o Ddyffryn Gwendraeth yn Sir Gaerfyrddin oedd y diweddar Barchedig Dafydd Marks (David Frederick Marks). Cafodd ei addysg gynnar yn Ysgol Ramadeg y Gwendraeth ac oddi yno fe raddiodd yng Ngholeg Prifysgol Cymru, Aberystwyth, ac wedi hynny yng Ngholeg yr Iesu, Rhydychen. Bu'n gwasanaethu fel Offeiriad ym mhlwyfi Llandeilo, Llangathen gyda Llanfihangel Cilfargen, a Llanddewi-y-Crwys. Yn 1956 fe'i hapwyntiwyd yn bennaeth ar Adran y Gymraeg yng Ngholeg Dewi Sant, Llanbedr Pont Steffan, ac yn Llanbed y treuliodd weddill ei fywyd.

Fe gyhoeddwyd nifer o'r cerddi hyn mewn casgliadau neu gylchgronau ar hyd y blynyddoedd ond cyndyn fu'r awdur i'w cyhoeddi fel cyfrol. Er hynny, tua diwedd ei fywyd fe fu'n ystyried gwneud hynny gan awgrymu teitl y gyfrol hon, sef teitl sy'n cydnabod y ffaith mai cerddi o'i ddyddiau coleg yw llawer ohonynt, ond eu bod hefyd yn adlewyrchiad o bwysigrwydd ysgolheictod a Christnogaeth yn ei fywyd.

YR AWEN

Am fod ei charu'n boen, fe'i gyrrais o'm llys
Wrth yfory-siôn-crydda bob dywsul y pys, –
Fy hen awen strae.

Pe medrwn, cyhoeddwn yn ffrolig a ffri
Fod popeth ar ben rhwng yr awen a mi, –
Ond nid felly y mae.

Daw ataf heddiw wrth im fynd i oed
Mor feddwol-ddeniadol ei rhin ag erioed,
Yn dirion ei gwên, heb gysgod gwae.

'Tyrd allan, fy nghâr, o fedd-garchar y doeth,
Y gwyddonydd oer a'r diwinydd poeth,
Pa ffrwyth gest o'u ffrae?

'Tyrd allan, ac awn fel yr elem gynt,
Athronyddu'n y gwair, diwinydda'n y gwynt,
Hyd gwm a hyd gae.

'A thithau, fab dyn, cei lunio dy gerdd
O foliant i Dduw ac i'r ddaear werdd,
Cyn i bridd hawlio'i brae.'

LLANGATHEN

Ar ganol y ffordd, chwedl Dante, y cerddwn bawb.
Deuthum innau'n offeiriad i'r lwys baradwysfro hon,
Cetheiniog gweirgloddiog arglwyddaidd
Bro oludog ei llonydd o gyrraedd ystormydd stŵr.
Arcadia o encil coediog uwch diog ymlwybro Tywi
Lle bu araf tempo'r tymhorau yn eu dyfod a'u mynd,
Lle sodlodd y canrifoedd ei gilydd
Heb adael ond prin eu marc.
Llangathen: hen eglwys a chapel ac ysgol a chlwstwr o dai
Ac islaw yn y coed hen blasty Aberglasne a'i erddi anial,
Cartref yn ei dro i brelad a bardd.
Mae wedi ei gladdu yma'n y wlad, synnwn i fawr
Nad dyna ddedfryd y cyfeillion hoff
A ddaeth ynghyd i'm gosod wrth ddefod ddoe'n fy mhlwyf,
Mae wedi ei gladdu'n reit ei wala'n wir
Yn sŵn brefiadau defaid a chrewcian brain
A thrympedi pagan dylluanod gyda'r nos.
Hydrefol gwsg ddaw drosto,
Fe syrth i rigol, a'n echreiddig od
Fel llawer hen offeiriad gwlad o'i flaen
Ac ni ddaw dim ohono ef pŵr dab.
Felly debygwn y darllenent hwy
Eu dyfal mud gomital uwch fy mhen.
Odid na wyddent hwy gyfeillion hoff
Daered yw angen dyn ar lain ei ddeugain oed
Am le i roi ei bwys i lawr a chwilio'i bac.
Ac onid yma'r union le, digonedd diomedd o hamdden a hoe
I bendroni, synnu a chnoi cil
Heb fod na neb yn hawlio ateb ar ei ben
I holl broblemau bywyd
Na chwaith cau mwdwl ei feddwl onid o'i fodd,

A chael ymadael â pheth o'r cagl meddyliol
A lynodd wrtho ar y daith.
Clywsom am rai a loriwyd gan ddwyfol arwydd
Heb iddynt amheuaeth mwy,
Ond am y rhelyw ohonom nid yw'n haddoli ond ymgroesholi'n hir
A'n credu'n faglu heglog dros gerrig y rhyd…

Af ati yfory i dwrio'n y pac
A hwyrach gosod ambell garreg o gredo yn sadiach ei lle yn y rhyd,
A hyn oll dan nawdd a bendith yr hen Gathen Sant.

ROSTECA

(Enw ar hen garreg a gedwir yn Eglwys Llanerfyl, Sir Drefaldwyn. Enw ar ferch fach ydyw, meddir. Bu farw, yn ôl y cofnod sydd ar y garreg, yn dair ar ddeg oed.)

Rosteca!
Dim ond d'enw ar rwyllog faen
Wrth ffenestr ystaen
Yr Eglwys hen
A chofnod Lladin, gwyrgam, breg
Yn sôn am dy farw yn dair ar ddeg.

Rosteca!
Ymrithiaist o'r treuldrist faen
A dawnsio'n orawenus wyllt o'm blaen
Ar osgeiddig dro, ysgafnchwim droed
Yng nghynnwrf rhialtwch dy wanwyn oed;
Ac wedyn adrodd, yn dy ffordd fach syw,
Gronicl llawenydd trist dy fyw,
A geiriau mwy tlws na holl eiriau llên
A glywais i yn yr Eglwys hen.

Dim ond darn gwenithfaen llwyd
A lliwiau'r ffenestr amdano'n rhwyd;
Ond dau lygad crwn, ac ambr wallt a gwên
A welais i yn yr Eglwys hen.

LLANDDEINIOLEN

Fel un yn brysiog chwilio'r gân yn y "Caniadau" –
Rwff-raff trwy'r tudalennau 'nôl a mlaen
Heb bwyllo i ymgynghori â'r "cynhwysaid" plaen,
Bûm innau ar hynt trwy Arfon, o blwyf i blwyf,
Hyd ddryslyd ffyrdd a chroesffyrdd, hwp-di-hap,
Heb gymryd hoe i fanwl, amyneddgar holi'r map
Ond rhuthro lwyr fy mhen nes mynd yn llwyr ar goll
Wrth geisio'r fan lle saif "gwŷr llys yr Angau",
Ac yn eu plith, "benadur yw-wydd llannau Cymru oll".

Cychwyn o Fynydd Llandygái a thrwy Dre-garth, –
Credu mai Pentir oedd pendraw fy nhaith –
Dysgu nad Llanddeiniolen mo Deiniolen 'chwaith
A chrwydro i Benisa'r-waun, bron iawn;
O'r diwedd troi wrth dalcen y Gors Bach
A chyrraedd porth y fynwent hwyr brynhawn,
A'ch cael "anhyblyg wyliedyddion", "ddulas lu",
Yn rhes ddigyffro sythfryd ger y llwybr i'r Tŷ,
Ac un ohonoch – ai'r penadur ef? – a'i bwys
Ar bolyn fforchog fel hen sowldiwr dwys
Clwyfedig, ar ffon fagal.
Dwedwch, goed,
Ai hercio ynghyd o gyrrau'r fynwent lwyd
A wnaethoch, ac ymrengu yma, i ddangos parch
I'r brenin a aeth heibio ddoe'n ei arch
Ac eto heb ymwahanu ohonoch, bob un i'w gwr?

A gair i tithau'r sowldiwr, "ysgweier bach y plwy',
Maer tref y meirw": Mi wn am feiri mwy eu maint,
Ysgweiriaid balchach, hŷn, o bosibl, na thydi,
Bydd dirion dithau, felly, i'r gŵr sydd yn dy lain,

Y gŵr a'th welodd, ac a'th chwyddodd di â'i ddawn
A'th dra-ddyrchafu goruwch dy gymheiriaid oll,
Nes bod dy gysgod bellach dros holl Gymru i gyd,
A'th gangau bellach, gyfled â changhennau'r iaith.
Wrth lwch y dewin hwnnw bydd di dirion iawn.

ECCE HOMO

"Ecce homo – Wele'r dyn," ebe Peilat gynt
Wrth gyflwyno inni y gorau ohonom,
Ie, y gorau un ohonom oll a droediodd daear lawr,
Ond efyntau'n perthyn i hen deulu raged
Tlawd a balch dynolryw,
Teulu y tybiwn weithiau ar awr ddu
Fod amlach Cain nac Abel wirion yn ein plith,
A mwy o gnafon nag o ddynion da,
Sant Pedr a Sant Pawl ond Herod hefyd a Nero a Hitler et cetera
    et cetera
Einstein a Frankenstein, y Fam Teresa a Myra Hindley et cetera
    et cetera,
Ond sylweddoli ar awr heulog fod mwy nag un
Samaritan trugarog yn ein plith.
Dyn sydd yma yn ei dda a'i ddrwg,
Yn ei gysegr a'i labordy a'i buteindy a'i dŷ lladd,
Dyn gyda'i grefydd a'i gradd,
Y llwfrddyn llofrudd ond yr arwr a'r anturiwr hefyd,
A bellach â llwch Hiroshima a Nagasaki yn ei wallt
A gwrid ffwrneisi Belsen ac Auschwitz ar ei groen,
Ond nid heb ei foment o fyfyrdod dwys
Fel honno y daliodd Rodin ef ynddi yn "Le Penseur"
A Wilhelm yn y Llanc Ar Ei Eistedd
A'i goesau ar led yn syllu'n hypnotig ar ei fogail,
Heb fod un pilyn rhyngddo ef a'i Dduw – "Honest to God."
Ond wedi'r myfyr dwys codi yn ei lawn arfogaeth,
Stympio'i ffordd i Benrhyn Canavaral
A byrddio roced am longborth y lloer a chyrraedd,
Yn cymryd ei gam ceiliog a phlannu ei luman
Ar drwyn yr hen ddyn
A'i bwrw hi am adre, ond nid i aros.

Rhyw botran ambwyti Môr bach y Canoldir y bu'r hen
    Odysiws gynt
Ond y mae'r Odysiws modern hwn am botran ambwyti ymhlith
    y sêr.
A glywir ef ryw ddydd, yn codi llef yn y pellafoedd? –
"Ecce homo – wele'r dyn wedi cyrraedd"…
A ddaw gair o groeso o'r gwacter tu hwnt
Ac a ddaw yntau byth yn ôl i'w Itheca hardd?

Y GORCHUDD

Ffawydden addien sy'n dyrchafu fry
Dy breiffion, lyfnion gangau uwch fy lawnt,
Beunydd y'th wyliaf o'm myfyrgell fach
A beunydd y'th astudiaf.
Ambell dro
Pan na fo llyfrau namyn baich a bwrn,
Ac olrhain labrinth lwybrau dysg yn ddim
Ond blinder ysbryd, mwyn yw ymryddhau,
Esmwyth ymollwng, codi 'nhrem, a'th gael
Bob amser acw'n ffyddlon yn dy le
Yn tirion wadd myfyrdod; yn y man,
Yn ddiarwybod im, fe'm caf fy hun
Yn curo ac ymbilio wrth dy byrth,
Yn ceisio'n ysig dreiddio dan dy risgl
A'th ddwfn adnabod yn dy ddirgelfeydd;
Amgyffred ias y cynnwrf sy'n dy graidd
Pan gryno gwanwyn drwy'r priddellau llwm;
Clustfeinio wedyn ar dy fiwail gerdd
Pan yrro awel haf dy ddail ar ddawns.
Ac yn yr hydref lleddf, synhwyro'r nodd
Drwy'r rhwydwaith gwreiddiau ar betrusgar drai;
Ymglywed â'r straen sydd drwot, fôn i frig,
Dan hergwd hyrddwynt gaeaf yn ei fâr.

Dyfalu a synhwyro, syllu'n hir,
Nes mynd ohonot, bren, yn ddychryn im,
Dy sefyll llonydd lluniaidd yn dy lain
Yn arswyd, gan mor llwyr annirnad wyt,
Dawedog, a thragwyddol ar wahân.

Er nad oes rhyngom ond rhyw ddecllath prin,
O'm cadair yma draw hyd at dy droed,
Mae gofod heblaw'r gofod a rychwantwn ni
A'n tipyn fesuroniaeth dlawd a balch,
Ac mae holl chwyrn feithderau'r cread rhôm,
A phellach ydwyt fyth na'r pellaf sêr,
A chêl ac anchwiliadwy wyt o hyd.
Gofod yw hwnnw a'i bellterau ef
Yn dirwyn ym mro'r galon, ac a bair
I'r enaid truan sylweddoli'n dwn
Mai unig pob bodolaeth.

Gorchudd sydd
Dros bopeth daear, nad oes mo'i ddileu;
Sylweddol, ansylweddol orchudd hen
Yn croeni'n glòs anhydraidd am bob dim,
Yn gwarchod annibyniaeth stans pob bod;
Hwn ydyw'r gorchudd hefyd sy'n amgáu
Yn anwel, hyn o gread-cloch-y-dwfr;
Yr hafn rhwng cnawd ac ysbryd, rhyngom ni
A'r nef; mae'n gwau rhwng popeth ac yn glog
I'r cwbl. Turiwch i'r dyfnder dyfnaf un
A dringwch i'r entrychion, ond ni ddowch
Er ceisio yn dragywydd ddim un cam yn nes
I'r man lle cychwyn hwn, ac eto y mae
Beunydd yn gyfarwyneb â nyni.
Cyfarchwn bawb ein gilydd ar ei draws,
Ymgyfathrachu'n ewn, fel pe na bai
Un gwrthglawdd rhyngom, na'r un ffin ar ffordd
Ymgyfadnabod llawn, ond er hyn oll
Y mae ym mynwes pobun, popeth, estron cudd
Na ellir treiddio ato, – hanfod bod.
Unig yw hwnnw, y carcharor blin,
Heb un lladmerydd iddo yn ei wae
A'i wynfyd, yn ei bell anhygyrch hollt.

Ac ynot tithau'n rhywle, bren, fe drig
Y swil estronbeth hwn nas adwaen i –
Y rhywbeth hwnnw heblaw cyff a chainc,
Dalen a rhisgl a nodd, – y bywyn fflam
Sy'n llosgi heb ddiffygio yng nghraidd dy fod;
Fu'n llechu yn y gneuen onglog fach,
A fu'n dy dywys, yn lawswydden wan,
Ryw wanwyn gynt, o groth anolau'r pridd,
Sydd heddiw yn dy gynnal a'th gadw ynghyd,
Sy'n rhoddi ystyr i'th fodolaeth di.
 hwnnw y cymunwn i, pe cawn.

Ond seithug siwrnai f'enaid atat ti,
Dieithr a dirgel wyt, ffawydden lân,
A diadnabod yn dy ddirgelfeydd.
Arwyddlun wyt o holl wrthrychau'r llawr,
A pheri imi ofyn hen, hen gwestiwn dyn,
Mwy astrus filwaith na'r adameg ddof
A roes y greulon Sffincs yn Thebau gynt.
Pa beth yw'r byd a'r bywyd simsan hwn
Sy'n eiddo inni, ddynion, dros dro byr?
Rhodiwn ein daear, ymgartrefu'n ddewr,

Ymgolli yn ei hudoliaethau lu,
Anghofio'r gorchudd sydd oddeutu'n taith,
A ddoe ein hymddwyn hyd yfory'n tranc,
Nes dyfod yn eu tro'r eiliadau trist,
Eiliadau'r gweld, eiliadau'r enaid noeth,
Pan ddelo saib yn rhuthr ein rhaib a'n rhwysg,
Pan dawo ennyd ddwndwr croch y ffair,
A ninnau, o'n diffeithwch, codwn lef
Wrth gaerau'r cread crwn: Paham? I ble?
Ac nid oes Oedipus a'n hateb chwaith…

Ac eto, rhaid yw wrth y gorchudd hwn;
Amlinell oesol y bydysawd yw;

Y fold y bwriodd Celi iddi, Ei waith
Ym merw ofnadwy gyffro'r chwedydd chwil;
Y ffurf na byddai, hebddo, gyflun dim;
Y ffurf sy'n cadw a grewyd rhag ei grëwr
Yn endid ar-ei-ben-ei-hun.

A Duw
O'i fawr drugaredd a'i ragddarbod hael
Rhyngom a'i taenodd, rhag ein tynnu bawb
Yn oll, blith draphlith ato, fel y naid
Ar hoywchwim hast i'r tynfaen, sglodion dur,
A gadael aflun wacter lle bu gynt
Ei greadigaeth deg.

Ond gorchudd yw
Na chais, er hynny, ein cwbl ynysu ni
A thrwyddo yn gryndodau dwfn y daw
Hen daergymhellol alwad y Tir Pell,
A glywir yn y galon, ac a rydd
I ddolef gwynt ei hiraeth ac i'r môr
Ddihenydd wae. Ac nid oes neb nas clyw
Ar dro.
Ond gogoneddus gôr y saint
A llu ardderchog holl artistiaid byd,
Moliannus rif y ceiswyr, clywant hwy
Yr alwad yn tabyrddu yn eu gwaed,
A llonydd nid oes iddynt rhag y boen
A'r newyn llym anniwall am y wlad
Lle trig pob peth yn hardd, paradwys Duw.
Henfro y gân ni chanwyd, gwlad y dydd
Goleulan digeulannau ydyw hi,
Lle ni ddaw trallod ar ei chyfyl ddim,

Na breg na brad ar ddim fo hardd a da.
Penllad eu pob dyhead sydd yn hon.
Anniddig, unig ydynt hwy a'u cri

Ym mynych hirnych eu hwyrnosau creu
Ac ymbil sydd amdani, ac nid ŷnt
Yma ond estron bererinion, – draw
Mae nod eu cyrch, ffynhonnell nwyd eu cerdd.
Crafanga'u bysedd am y gorchudd cêl
Beunydd. Artist a sant, fe wyddant wae
Eu hefrydd oriau diffrwyth, pan fo mud
Hyfrydlais ysbrydoliaeth; pan fo cau
Y nefoedd; crefft yn weddw a gweddi'n faich.
Bryd hyn, didostur ydyw'r gorchudd hen,
Llethol ei wasg ar eu hysbrydoedd blin;
Diawen, diadenydd hwy, bryd hyn.

Ond eilwaith y daw'r alwad ac nid oes
Iddynt na byw na bod ond canlyn draw.
Daw iddynt hefyd oriau'u gwobrwy drud,
Oriau gorfoledd a chwerthinog hoen,
Pan losgo, o'u hir ddyheu, eu hawen ffordd
Drwy'r gorchudd; yna'r artist cryn a wêl
Y ffurf anfarwol berffaith y bu ef
Yn ei geisio, yn ei garu cyd; a'r sant,
Hoff blentyn gostyngedig, dremia dro
Ar sblander "Tir Imaniwel i gyd".

Fe syrthiant hwythau fel holl deulu dyn
A'u sypyn esgyrn wrth y gorchudd hen,
Ond dyry'r enaid lam i wlad ei serch.
I'w hetifeddiaeth deg y deuant hwy;
Brenhinoedd breiniol fyddant ynddi hi...

Ffawydden addien, fe ddaw tirion ddydd
Cymuno'n llawn â thi, a'r cyfan oll.

Y BEDOL

Fe'i hoeliwyd ar wal y bwthyn yn llawn rhwd
Flaen i lawr, yn gwpan lwc i'r hen bâr;
Ac os mai lwc yw oes o grafu yn nhin cwd
Yr oeddynt yn cael eu siâr.

Mae eto'n ei lle ar furddun y drain
Wedi goroesi gof a gefail a charn
A dehongli eu lwc i'r piod a'r brain
Yn dyst i hirhoedledd harn.

GLYN ABBEY

(Glyn Abbey, Pont-iets, Cwm Gwendraeth, lle'r aeth y bardd i fyw yn ei arddegau.)

Mae dail y coed o gylch y Glyn
Yn felyn ac yn borffor;
Ac ar fyr dro cânt fynd ar hynt
Gan gorwynt oer y goror.

Ni fydd ar ôl ond muriau llwm
Dan lwydni trwm yr Hydre;
Hen fangre Salmau'r myneich du
Sydd wedi cefnu adre'.

Daw'r wylan wen o lan y traeth
I wylo'i halaeth inni
Uwchben yr hen abaty prudd
A wybu ddydd ei gyni.

O flaen y gwynt bydd dail mewn cur
Yn murmur gweddi'r Seintiau;
Bydd Ave a Chredo wrth fy nrws
A chanu tlws y corau.

Y CLEFYD

Rwy'n ofni na wêl y bardd ond a welodd ef
O'r *'cwningod clustlipa, rhwng pori bach,*
Yn sbio'n gellweirus ar lawntiau clir'
Yn y "Golden Grove" nac yn unman yn wir;
Bu hela mawr ar y maes, ac o waren i waren hefyd
Ac ni bu sicrach heliwr erioed na'r clefyd.

Nid ydynt, medd doethion, mewn unrhyw boen –
A rhaid, i'r pethau bach, mai gwynfyd pur
Yw hobian yn llafurus, fyddar, ddall
Yn gruliaid crwbi o'r naill glawdd i'r llall,
A chrynu'n ddiamddiffyn brae diniwed
I'r wencïod, a'r cŵn a'r cathod, wancus giwed.

Pam na thosturiwn wrthych, a nyni
Fel chwithau'n ddeiliaid teyrnas poen
Yn cario fflam fach bywyd yn ein gwisg o gnawd,
Ac amled dan ein hanaf ar ein rhawd?
Garw yn wir eich gweled, wedi'r hoen ar ddolydd,
Heddiw yn stecs a jibets ar yr heolydd.

TERFYSGOEDD DAEAR

(*Penodau o hanes dyn.*)

Gwae'r gŵr a dwng ei glai yn un â chlai
Oes oesoedd hen y ddaear; gwewyr pridd
Yn un â gwewyr cnawd; holl lanw a thrai
Y nodd ym milfil wreiddiau erwau'r ffridd
Yn un â churo gwaed; – a dwng mai'r un
Pan gryno gwanwyn trwy'r priddellau trwm
Yw dianwadal dynged âr a dyn
Ag ymgysuro ar ei ffordd i gwm
Yr Angau. Ie, gwae efe! Daw gwyrth
Ail-eni'n orfoleddus gyffro mawr
Trwy'r tir, ac yntau'n dodi llef wrth byrth
Caerau holl ddirgelderau llwch y llawr,
A hithau, ddaear, pan fo'n nwfn ei gro,
A wad gymdeithas â'i dynghedfen o.

Roedd Mawrth tymhestlog, grymus fel erioed
Yn deffro'r pridd o'i gwsg, hyd erwau llwm
Y foel, y bore hwnnw. Ar un llam
Dihangodd gwanwyn eto'n ôl o'r wlad
Afagddu lle bu fisoedd hir ar rawd,
A phynciai'r adar bach yn groyw ar led
Uwch cae a pherth, uwch cleidir gwlyb a chors
Emynau ei lon ddadwyrain. Rhedai hoen
Y gwanwyn cyntaf a adnabu'r pridd
Eto trwy grawen daear. Gweision sionc
Y gwanwyn oriog oedd y cynnar ŵyn
Yn prancio ar ffridd a gorallt. Clywid tranc
Y gaeaf ym mhesychiad dafad glaf
Yng nghysgod hen wal gerrig …

Dringai dau
Ar frysiog esgud gam yr hen lôn serth
O'r pentref tua'r Bigyn, law yn llaw
Bore eu huno er gwell neu waeth
Yn eglwys lwyd y dyffryn. Efe yn gawr
Cyhyrog, trwsgl-libin yn ei ddillad parch
A sicr gadernid gostyngedig deulu'r pridd
A'r hil sy'n bwrw'u hoes rhwng crud a bedd
Yn trafod marl a thail a'r pethau sydd
Yn dofi swrth anghariadoldeb tir,
Yn llanw'i osgo. Hithau'n eneth hardd
Ac addfain, fel rhyw dduwies gefnsyth dal
A frigodd allan gyda'r gwanwyn ir
Ar naid o donnen daear. Crynai nwyd
Ac angerdd grymus bywyd yn un fflam
Trwy'i chorff gosgeiddig, ystwyth. Dan ei blows
Roedd ysgafn gyffro'i bronnau mwythus llawn
Fel cyffro dwy golomen lyfndew wâr.
Ac yn ei llaw roedd tusw botasau'r gog
Gasglasai'i chymar iddi gynnau fach
Ar ffriddoedd Carreg Lwyd. Yn ddifrif ddwys
Y dringai'r ddau yr hen galetffordd gul
Fel plant yn dod o'r ysgol gyda'r hwyr
Heibio Pen Llwyn, a'r Cwrt, a'r Mwmbwl Hed.

Nid oedd y bore hwnnw neb wrth glos
Y Bigyn i'w croesawu. Roedd y ddau
Fu yma gynt yn cadw tŷ a magu plant
A hel eu lluniaeth o'r caregog dir
Heddiw yn cysgu cwsg di-ddeffro sownd
Gweryd y fynwent wedi'r dygnu blin
Heb un diddordeb mwy yn hanes dau
Yn dechrau byw.

Ond cawsant groeso fflonsh
Ffwdanus brithgi bach a ddaeth ar wib

O'r sgubor fel llucheden ddu i'w cwrdd,
A'i glepian cyfarth gwyllt yn tarfu'r brain
O'u slwmbran swrth ym mrigau onnen dal
Y clos, a lledent adain drystiog flêr
A throi a throi uwch serthion lethrau'r glog
Yn gwau patrymau'r fesuroniaeth od
Ac astrus sydd a'i rhesymegau hi
Yng nghlo, am byth, tu ôl i lygaid brain.
Ac ar y llechwedd âr tu cefn i'r tŷ
A'i goesau tenau'n whip, yn strêm y gwynt
Fe chwifiai'r bwbach carpiog, freichiau pren
Tragwyddol groeshoeliedig...
Felly daeth
Mab hyna'r Bigyn i'w dreftadaeth lom.

Y flwyddyn honno ildiodd pridd y foel
Â gorawenus aidd i'w lafur dygn
A'i sicr hwsmonaeth. Yn y dyddiau ir
Hyd leiniau cleiog y braenarbridd briw
Taflodd a diwarafun law yr had
I fynwes gynnes daear, a chyn hir
Gwelodd betrusgar fysedd meinwyrdd, tlws,
Yn ymbalfalu'u ffordd, yn ddistaw bach
Yn fyrdd a myrdd, i lân oleuni haul
Trwy'r grawen sech o groth anolau'r âr.
Ac yna llifodd rhyw fodlonrwydd mawr
Yn don i'w galon. Oni roesai'i ffydd
Yn ewn, ddibryder yn y tyweirch gwlyb;
A heddiw, oni welai'r pridd a'r clai
Yn driw i'w hen addewid? Gyda'r haf
Gwelodd weirgloddiau llwythog llyfn
Yn tonni'n wisgi ysgafn yn y gwynt
A ddôi yn fwyn o bell ororau'r môr;
Ac ym mis Medi tan wybrennydd mwygl
Yr ŷd a'r gwenith tirf yn crasu'n wyn
A thrwy frigdrymion erwau'r aeddfed rawn

Esgynnai'n ddioglyd hen ffrwythlondeb tir.
A phan aeth hydref yn un lliwus fflam
Dros fanc rhedynnog a thros goediog allt
I atal ffrydlif ffynonellau'r nodd,
A dyfod dyddiau erlid llednais gân
Yr ednod bywiog bach o lwyn a lôn,
A dyddiau â'r niwl yn hongian lusgo'n llaes
Fel trwm anghenfil o ryw gynfyd coll
Ar gnwc ac esgair, yn drafferthus flin,
Gwelodd y teisi boliog dan eu to
Yn gwarchod ffiniau'r fferm a'u gosgordd gre.
A gwelodd aeaf a mwyneiddiaf law'n
Marweiddio pridd esgyrniog erwau'r tir
A rhoi i'r ddaear ennyd fwyn o hoe
Oddi wrth drybestod gwyllt yr egin had.

A mwyn oedd dyfod gyda'r hwyr o'r maes
O'i orchwyl bidio perth neu garthu ffos
A gweled ar yr aelwyd, faban tlws
Yn gwingo, ar lin ei fam, yn swp bach byw
O gnawd.

A'r nos, dan glwstwr cryn y sêr
Yn nhawelychau unigeddau'r ffridd
Synhwyrai'r gêl gyfathrach sydd rhwng cnawd
A llwm briddynnau daear. Clywai rwyg
Y ffiniau'n mynd i lawr o un i un
A theimlo'r pridd yn torri'n ffwndrus fôr
Yn llifo'i waed, a churo'i galon ef
Yn cyfamseru'n sicr a chalon fawr
Y cread crwn; ymglywed â iasau llym
Agosrwydd daear yn ei nerfau'n boen
A gwybod, er pob ymdrech, na ddôi'n rhydd
Byth mwy, o gymhleth we'r saernïaeth siŵr
A roed ar lwm wneuthuriad dyn a phridd.

Un bore gwelodd waed ar wallt y grwn.

Dafad yn stagro'n wangloff dros y cae –
Gwegio a syrthio'n llorp, o lath i lath,
Ac ar ei chignoeth gefn yn llarpio'r cnawd
Y cluda'i marwol elyniaethus lwyth.
Ac aeth llafurus ymegnïo'r cripil bach
I'w galon fel trywanu miniog saeth
A syniai petai'n Dduw fel Iesu Grist
Y'i gwnâi yn iach o'i phla dolurus hi
A phetai'n ddyn fel Ef, cymerai wn
A rhoddi pen ar ei dirdynnol boen.

A'r bore hwnnw ar y Ffriddoedd Llwyd
Daeth arno arswyd creulonderau'r pridd.

Un wythnos ddu fe welodd ddiffodd haul
Y dydd, enhuddo lleuad fawr y nos
A thaenu tywyllychau tir yr Aifft
A chysgod Bröydd Angau'n llenni trwm
A chwythai holl nertholaf wyntoedd nen
A'r banc yn rhoncian yn anferthwch chwil
A gwelodd y priddellau'n bethau byw'n
Crafangu'n orffwyll, wyllt am furiau hen
Y Bigyn…
Gwylio'n hurt o frest y foel
Ganolnos ysig, ar lieiniau'r glaw
Yn disgyn dros ysgwâr goleuni gwelw
Ffenestr y llofft, lle gwingai gwraig yn gnawd
Afluniaidd twn, mewn gwewyr esgor hir
Yn chwys a gwaed…
Ganrifoedd ar ôl hyn
Gweld mam a'i phlentyn ar ei bron
Yn gorwedd rhwng ystyllod arch yn fud
Ddigyffro ddeugorff; tirion haul y wawr
Yn tynnu bysedd chwim dros olion cur

Ar ruddiau annwyl…
Gweld un hir brynhawn
Y clai yn lledu'n rhwth ei hirgul safn
I lyncu'r gist drymlwythog; – gweld rhoi pridd
I'w gytras briddell lymun; – gwrando ar lith
Yr hen offeiriad yn ei wenwisg laes
Yn sôn am ryw ogoneddusaf dydd
Ac anllygradwy atgyfodiad mawr
Holl gytirogion pwdr feddrodau'r byd,
A'r dwysged gynulleidfa'n slyrio cân
Am golyn Angau, buddugoliaeth bedd
A'n dihangolrwydd wedi'r yrfa flin.

Daeth adre ym mrig y nos a chalon wag
Heibio Pen Llwyn a'r Cwrt a'r Mwmbwl Hed
Ac ar bob llaw roedd erwau'r estron bridd.
Ac wrth ddynesu'n ysig at y clos
Sylwodd ar dolciog furiau'r fferm
Yn braff anhyblyg fel yr oeddynt gynt
Yn nydd eu dodi'n garcus, faen ar faen,
Pan ddaeth ei gyndad ar ei fentrus dro
I gyfaneddu'r foel. Ac yn y gegin fawr
Gwelodd bob trawst a thulath yn ei le
A phob dodrefnyn yn sefydlog sicr
Ow! Ow! fod main a phren yn mor rhyw stans
A chig a gwaed mor ddiflanedig frau.

A'r dyddiau hynny drylliwyd hyfryd gân
Ei enaid.

Crymodd y blynyddoedd hir
Ei war yn araf, fel y cryma'r gwynt
Gaeafol ar ei hwrli-bwrli rawd
O'r noethlwm fôr, yr hen gorlwyni drain
Yng nghloddiau'r Bigyn.

Ildiodd caeau'r banc
Â'r un un gwallgof orfoleddus aidd
Â chynt i'w lafur a'i hwsmonaeth taer.
Ond dieithr anchwiliadwy oedd y pridd
A diadnabod yn ei ddirgelfeydd.
A mwyach ni châi ef yn ust y tir
Y nos, dan heidiau y pellennig sêr
Brofi'r tangnefedd dwys a brofodd gynt
Yn nyddiau'r dechrau byw; na theimlo ias
Cymundeb a dihenydd ddaear lom
Yn llifo trwm ei waed, a dyrchai ffin
Ar ddyrys ffin yn ddisigl rhyngddo ef
A chyfrin ystyr pethau. Ni ro'r pridd
Un eli i liniaru ing ei galon friw
Na lleddfu'r terfysg yn ei enaid ef.
Can's oni ladrataodd daear un
Oedd annwyl iddo, onid hawliodd pridd
Asgwrn o'i asgwrn? Saethodd pangau'r clai
Gwenwynllyd trwy ei ffrâm a'i fêr.
Heneiddiodd.

Yna daeth y Rhyfel Mawr
A christau'n marw ar faes y gad yn lleng
A'u gwerthfawrocaf waed yn llifo'n rhydd
Ddi-hid i'r llaid. A phan aeth cyrff yn brin
I gynnal sbort y twyllwyr seimllyd sur
Sy'n lordian ar ein byd â'u tipyn aur
Cribwyd diarffordd barthau gwlad
Am ifanc gristau eraill.
Gwelodd gŵr
Y Bigyn, un pen bore gwyllt o Fawrth,
Unig anedig fab yn troi i'w daith
A gadael tangnefeddus erwau'r foel
Am erwau'r drin, ar awdurdodol arch
Y ffalswyr tordyn.

Ar y braenar coch
Roedd tad ar ddeulin yn dyrchafu cri
At Dad a wybu Yntau, unwaith, weld
Hoelio Ei unig fab ar eirwon fannau croes
I gynnal sbort y twyllwyr seimllyd sur.

Hauodd yr had i'r tir, yn gri ddi-sŵn
I grombil daear; – un druenus gri
Wrth oesol byrth y pridd yn erbyn gwae
A grymusterau'r Angau a'n tynged freg
Ond dieithr, anchwiliadwy oedd y pridd
A diadnabod yn ei ddirgelfeydd.

Ond weithiau llifau rhin llonyddwch llwyr
I'w fron, a thariai sicrwydd dwfn yng nghraidd
Ei enaid, ac nid ofnai leisiau'r pridd
A therfysgiadau'r llawr. Yng nghangell hir
Yr Eglwys, fore Sul, wrth blygu'n ŵyl
Bechadur ger yr allor, clywai wae
'R hen ddaear yn diflannu: gwelai wawl
Y Gyfraith Sanctaidd nad adnabu'r byd
A Christ yn rhannu Ei gysur mawr i'r gwan
Feidrolion daear yn y bara a'r gwin…
"Cymer a bwyta hwn; hwn yw fy nghorff
Yr ydys yn ei roddi drosot. Hwn yw fy ngwaed:
Yf hwn er cof amdanaf." … Cofiai ef
Ar ddeulin yno, basiwn trist y gŵr
A ledodd ei freichiau ifanc ar y pren
I'n prynu a'n dwyn o waeau'n byw trofaus
I'r ddigyfnewid deyrnas yn y nef
Lle ni ddaw'r Angau ar ei chyfyl ddim,
Cans yno nid oes cnawd na gwaed na phridd;
Yno mae'r Ysbryd mewn tawelaf trig
Yn rhydd o hap ei anghymarus glai.

Yma'n y gangell hon, bu'i deidiau o'i flaen
Yn dodi llef ar Dduw, a'u gweddi am swcr
Am fan ymochel yn eu helbul flin
Am lety diogel a diysgog sicr
Cyn cefnu mewn enbydrwydd ofn
I'w holaf siwrnai hwyrdrwm tua'r pridd.

A threiddiai nerth a hoen i'w enaid ef
Wrth gofio'u tawel hir-ymaros hwy
Dan greulon lach y ddaear. Dringai'n ôl
I'r Bigyn wedyn ar ysgafnach troed
Heibio Pen Llwyn a'r Cwrt a'r Mwmbwl Hed.

Pan gwyd y pridd yn anostegol storm
Ac nid oes lonydd gan ein noglyd gnawd,
A dyfod o ddiffrwythdra gaea'n norm
I fesur hin ein tipyn bywyd tlawd;
Pan nad oes inni un diddanwch chwaith
Yng ngwyrthiau bach cynefin bod a byw
A'n hesgyrn yn dyheu am wylnos faith
Eu dignawd annibyniaeth hurt a gwyw,
Mae cysur hael i'w gael yn ffordd y ffydd
Lle cawn ymlwybro yn ddiasgloff ewn,
I Deyrnas Sanctaidd Duw, a mynd i mewn;
Ac ni bydd yno gof am fai a phoen
Can's yno bydd yr Ysbryd Glân a'i hoen.

GWAED

Hir oesau'n ôl fe rwygwyd argae brau
Y gwaed, yng nghorff rhyw drychfil bach di-lun.
Cychwynnodd ar ei ymchwydd a pharhau
Hyd heddiw'n gyflym sicr rhwng ffrâm pob dyn
A phob anifail. Ar ddiffwdan ffo
Trwy rwydi'r rhydwelïau try i'w rawd,
Gan lenwi'r holl wythiennau yn eu tro,
Gan fwydo'r ffibrau a chan faethu'r cnawd.
Ond gwae feidrolion daear, pan ddaw'r dydd
Y dihysbyddir ffynonhellau'r gwaed,
A phob gwythïen a sianelyn cudd
Yn madru'n llibin llac, o'r pen i'r traed;
Can's lle bu'r reiat goch a'i lleithder poeth
Ni bydd ond diysgogrwydd asgwrn noeth.

JUDAS ISCARIOT

(Sant Mathew xxvii. 3–5)

(Quem Deus vult perdere, dementat prius)

I.
Pan oedd y gwachul loer yn unlliw'r gwaed
Yn hir wamalu uwch Caersalem dref,
Fel llofrudd, dan ryw hypnotiaeth daer
Yn ymchwel eto'n ôl i'r gelain oer,
Y dringodd Judas i Golgotha fryn
I weled Iesu'n grog ar groes. O'i ôl
I'w hyrddio'n bendramwnwgl yn ei flaen
Roedd llygaid tân a wyneb gwelw Crist.
Cyrhaeddodd le'r croeshoelio … Croesau tal
A chorff yn hongian wrth bob croes yn syth,
Ar ystum chwithig od dan olau'r lloer …
Tair croes … dau leidr … a'i Arglwydd Iesu Grist …
Dau marw … ac yno'n hongian rhyngddynt hwy
Roedd yntau'r Duw byth-fyw yn farw … "Crist!
F'Arglwydd Grist…" ei lef yn gwanu'r nos…
"Tydi a wyddit hynt holl droeon chwith
A dryswch cenglau mwyaf cymhleth Ffawd
Erioed cyn iddi fwrw'r rhwyd a'n dal,
Ac am holl driciau cyfrwys Amser swrth
A'i grechwen coeg wrth ddryllio Cariad dyn,
O! maddau im …a phaid â'm canlyn mwy
Â'th lygaid fflam i'm llwyr wallgofi byth…"
Ar hynny clec! …
A'r straen yn ei ymennydd yn llaesu …
"…Ha! Ha! Ha! …" yn oer ar draws y lle
Y chwarddodd Judas, ac roedd iasau main

Gorffwylledd yn y sain metalaidd cras
"… Ha! Ha! Ha! …"
Distawrwydd aryneigus …siffrwd cryg
Yr awel, ar gyfeiliorn draw o bell
Bedryfan nef, yn tywyll leisio gwae
Y byd, wrth rynio'n donnau'r oriog loer
I wawdio olion poen y meirwon crog
A'u gwenau mingam ar eu gruddiau cul
A thybiodd Judas ennyd yn ei fraw
I un o'r lladron ei watwaru'n sur
A chanfu edliw mud ar wedd ei Grist.

Yn wyllt gan ofn troes drach ei gefn – a ffoi –
Gan daflu cip o'i ledol – gam a cham …
Ac eilwaith clywid draw yn rhwygo'r nos
Chwerthiniad iasoer, gorffwyll, hir… o'i ôl
Canlynai'r wyneb trist yn ddidosturi…

II.
A thrannoeth hyd ddigalon strydau'r dre
Y gwibiai Judas ôl a blaen trwy'r dorf.
Ni feiddiai ymneilltuo mwy rhag ofn
Consuriaeth y dieflig wyneb llwyd
A'r llygaid llosg a seriai'i enaid ef.
A chnofa amwyll drwy'i ymennydd gwyw
Y mwydrai fwyfwy mewn marwerydd llwyr
Gan glebran rhywbeth am yr haf a'i hud
A gwyrthiau'r Arglwydd rhwng y cloddiau gwyrdd
Yng Ngalilea draw…
… "… O cyfod Iesu mwyn
Dy groes i'm calon mwy … O Dduw y Groes!
Na! Na! Nid croes … un … dwy a thrydydd croes,
A'r wyneb llwyd i'w canol hwy … Na! Na!
Nid croes …" a thynnu un ochenaid ddofn
A thorri ysgryd drwyddo fel rhyw ŵr

A welo rywbeth nad â byth o'i gof ...
Ymwylltiodd eilwaith yn ei flaen ar ffrwst
A'r llu fforddolion prysur oll yn troi
I synnu at ei eiriau dieithr ef
Ac at ei frysiog hynt... y truan crwm
A ffoai'n orffwyll flin rhag wyneb Crist.
'Mhen ennyd dechrau sôn am wledd a fu
Yn nhŷ ryw Simon, Pharisead trist,
A Mair y butain fwyth yn tywallt nard
Ei phechod i eneinio traed y Crist ...
... "Y bechadures, dos â'th eli brwnt
Ac na ddifwyna Duw ... Paid, Judas, paid!
Ac na cherydda hi can's erbyn dydd
Fy nghladdedigaeth ... ond f'Arglwydd Grist
Hyd yma ni'th gladdasant ... gwelais di
Yn hongian ar dy groes ... un ... dwy ... tair croes...

Dau leidr marw yn mingamu'n slei
A'r gwaed yn disgyn ... dafn a dafn i'r llawr
... Rwyt yn fy nilyn ...! I ba le y trof ...?
Pe meiddiwn gysgu dôi'r breuddwydion hyll
Yn haid amdanaf ...ni chaf huno mwy
Nes troi i fythol gwsg y ddaear hen
A chau fy mlin amrannau dro am byth
Ar ddeifiol lid dy lygaid ...
..." Ac fel claf
Yn ymlonyddu ennyd yn ei dwymyn boeth
Tawelodd ysbaid ac arafu'i ruthro chwil...
Ond eilwaith myngial am ryw Swper mawr
A gwlychu llaw â Christ mewn dysgl ddwfr ...
A phreblan am ryw frad a wnaed ... a gardd...
A nos ddi-loer...a milwyr a'u picellau llym...
A thorsiau'n crynu yma a thraw drwy'r gwyll
Yn chwarae mig â'i gilydd ... ac am Un
A safai'n fud... "O Dduw, yr wyneb gwelw
A gusenais i! ... anferthwch twn ar groes

A'r lloergan oer ar ei amrannau cau ...
Ac ust! ... y gwaed yn ceulo'n ddafn a dafn
A dafn ...
..." Ac yna rhuthro yn ei flaen
Fel pe bai gwaedgwn uffern ar ei drywydd
A fflyd o ddiawliaid ffyrnig yn ei ragod ...

III.
Ar antur daeth ei rawd i borth y Deml
Lle daethai ef liw nos, rhyw dridiau'n ôl
I geisio pris am waed ei Athro mwyn
O law yr Archoffeiriaid ffeilsion sur...
Truanaf gŵr y crwydrai heno, rhwng
Pileri nadd a gwe colofnau'r Deml
Lle crymai'r Archoffeiriaid a'r Henaduriaid coeg
Yn offrwm diolch fry i Hollalluog Dad
Yr Hwn hoeliasant ddoe ar Galfari
... "Chwi ddeillion truain doeth, cymerwch hur
Eich gwaith ystryw gall a dieflig chwi.
Ni phrynais ond anhunedd hir â'ch tâl
A choch wallgofrwydd ... Ni chaf osteg mwy
A mwyach ni chaf glywed llais fy Nghrist
Ond treiglo beunydd beunos ar fy rhawd
Helbulus, di-droi'n-ôl a di-ben-draw,
Hyd oni ddaw i ben y gynnen front
Sy'n llarpio'n dipiau gorff ac enaid mwy...
... Fe dderfydd rhaib amhwylledd yn y bedd
Ac erledigaeth pan fwyf un â'r pridd
A disgyn angof dwfn dros wyniau byw
'Nôl rhwygo barrau rhydlyd cnawd a gwaed...
Dilëir yn y bedd Ei wyneb llwyd
A'i dremyn tân ... a'r pridd yn hir lyfnhau
Y gwrymiau oll o glawr f'ymennydd crin
Pan gysgwyf gwsg difreuddwyd hir y gro...
Can's yno neb nis gwelaf i yrhawg

Can's yno hefyd ni fydd neb a'm gwêl …
… Bradychais i chwi waed dieuog Crist
Am ddeg ar hugain darn … cymerwch hwynt …"
… A thaflu'r darnau'n drystiog hyd y llawr
"Hoeliasoch Ef ar groes …" a chodai'i lais
A'i ostwng eilwaith i ryw sibrwd bloesg;
A thrwy Ei lygaid ef y sbiai'r Diawl
Aflonydd, wedi blino ar ei gaets.
… Ust! Clywch mae'r gwaed yn disgyn … dafn a dafn
A dafn i'r llawr … Ha! Ha! Ha! Ha!…"
A'r ceudod uwch ei ben yn cipio'r sain
A'i ddarstain rhwng y muriau'n eco dwfn
Fel godwrf taran agos ganol haf…
Ffodd Judas allan a'i chwerthiniad cras
Yn oedi'n ias o gryndod hir trwy'r Deml.
A'r Archoffeiriaid oll fel delwau maen
A choegni deifiol ar ei gwepau sur …
A chododd un ohonynt ei ysgwyddau crwm
Mewn gwawd … ac eilwaith rhoddi bys
I'w dalcen a chilwenu'n wybodus ….

Y NEIDR LWYD

Dihengaist ddoe yn nrysi'r ffos
Rhag sŵn fy nhroed. Ni welais ddim
Ond bywyd ar gynhyrfus rawd
Yn lluniaidd dro dy symud chwim.

Fe'th welais heddiw'n sypyn briw –
Yn sypyn briw ar ben dy hynt,
A chreulon ddyn yn edliw it
Chwit-chwatrwydd penwan Efa gynt.

CWYNFAN LLYWARCH HEN AR ÔL EI FEIBION

Diasbad a ddodir yng ngwarthaf Powys
Gan henwr anhunog
Heno'n orffwyll amhwyllog

Yn chwilio'r goleddau am feddau'i feibion
Ac wylo'n ei galon:
Hir hwyl haul; hwy'i ofalon.

"Piau'r bedd wrth y drefred yn Aber Lleu?
Gŵr ni osgôi galed,
Annedwydd Urien Rheged.

"Draw y mae'i lwyd aelwyd aflawen, lle bu
Unwaith win ac awen;
Heno'n oerllwm, grwm gramen.

"Mynnwn fedd gydag efô pe gwypwn
A wn heno:
Wyf hen, wyf unig, wyf ddifro.

"Pedwar mab ar hugain a fagwyd yn ddewr
Ar f'aelwyd:
Trwy fy nhafod y'u lladdwyd.

"Gwae Lywarch eu bwrw dan dywarch daear!
Heno gwn amarch,
Wedi'r hir ddewredd dihafarch.

"Gwae Lywarch eu bwrw dan dywarch daear!
Wyf hen ddiymadferth,
Heb fab, heb gyfaill, heb gyfnerth.

"Pedwar mab ar hugain o arwyr dewrfalch;
Rhag gelyn ni chilient:
Powys mwy fydd eu mynwent.

"Wedi hir reiolti'r cnawd a reiat gwaed
Ar ei ofnadwy rawd –
Ysgaffaldiau brau dignawd.

"Dim ond ysgyffaldiau esgyrn crin wedi ias
Y nwydau anhydrin:
Pell iawn mwy rhyferthwy'r drin.

"Heno ysgyfala'n eu beddau petryal; diymod
Diofid, diddial
Powys a'u magodd, a'u mâl.

"Gwae'r ddeilen fach fregliach hyglyw heno'n
Hydref ola'i byw,
Ddoe yn wyrdd a heddiw'n wyw.

"Trallod a gaea'n arail
Ar lwybr dyn a llwybr dail:
Oer adfyd a hir ddadfail.

"Dadfail trist a chist gau a daear
Gaethiwus: a doe'n ieuanc.
Rhag tynged nid oes dianc.

"Yn Aber Cuog fe gân y cogau heno'n
Gynddeiriog fel minnau:
Nis clyw y meirwon hwythau.

"Yn nhawelychau fforestydd Argoed y crwydraf
Yn fy mwydrus henoed:
Gwae ef a orfyw gyfoed.

"Mae henaint amwyll wedi 'ngwenwyno: daear hen
Hithau'n gwallgof wanhwyno:
Minnau'n hurt, gwyrgam heno.

"Nid osgôf yrhawg fy nhynghedfen: i'r cnawd crebach
Daw hir hun y ddaearen,
Hun cyndyn Pyll Wyn a Gwên.

"Faglan bren, dyro gynhorthwy heno
I hen dan hirglwy'.
Angau, pam y'm gedy'n hwy?"

AIWNIA, Y DDUWIES DRAGWYDDOL

I.
Aiwnia wrth Ddaearolion

Chwarddaf, feidrolion, hoedl-wydr ddynionach,
Ha! ha! o ddifa eich deunydd afiach;
Esgyrn ir is y croen iach – yn crino,
Cnoadau'n crabio y cnawd hen crebach.

Ha! ha! dyneddach tila, deunyddwan,
Chwarddaf o weld eich ymffrost maith weithian.
Fel y gwyntoedd diafael a gwantan
Sy'n crwydro a rhafio, i'r pedryfan
Ewch yn llu; cewch hun y llan, – ac mewn cist
Yn fudion drist chwi gewch fydio'n drwstan.

Â daint heyernin daw henaint arnoch
I rusio, i ddeifio rhos y ddwyfoch;
Wedi'r miri daw'r mawroch – a gwyniau
A milain heiniau'n ymlynu ynoch.

Ni ddaw gwenau i'ch gwefl hagr, ddieflig,
Nac arwydd ceirios i'ch gruddiau cerrig.
Pan oresgyn haint a henaint unig
Y cnawd, i naddu'u cnoad anniddig,
Dro ni bydd pleser a drig, – a dyddiau
Dyfn-hun priddellau eich dyddiau diddig.

Eich fframau musgrell yn oer grinellu;
Blynyddoedd crablyd a blin yn nyddu
Gloesau i aros; nos yn dynesu
I wau'n sur aml ddolur i'ch meddalu;

Gwau angof dros y cof cu, – ar fin bedd
Diau oferedd pob edifaru.

Fe'ch llithia henaint i'w "gors dan dorsau
Anwadal" weithian, a hudoliaethau
Y byd brith a'r bywyd brau; – cewch deimlo
Ynoch oer wingo a nych angau.

Buaned y ffy'r byd ynfyd, anferth,
Ei fwynderau yn ddiau a dry'n ddiwerth;
Cewch deimlo nwyd, cewch deimlo nerth – daear
Yn gwasgu'i lwyd heiniar i gwsg, lu dinerth.

Ho! ho! "bydron ddynionach," o'ch crino,
Ho! ho! o ddeifio eich deunydd afiach.
Rhygyngwch, ffyliaid, boddwch eich beddau
Yn rhythmau'r ddawns, dan y sidan fflawnsiau,
Mewn gwinoedd mwyn ac yn swyn cusanau
Ac yn ias eich cynddeiriog anwesau;
Ond daw pang oer grafangau – pan heb floedd
Â'i amwyll ingoedd y'ch cymell angau.

Ail y dail ydyw hoedl dyn,
Rhed ei yrfa ar derfyn;
Ansicr ei oriau sicraf,
Naws y rhew yn nhes yr haf.
Dyn nid ydyw ond ennyd,
Ar awr bach fe dry o'r byd.

I Aiwnia, nad edwina'i deunydd,
Ni ddaw henaint, caiff fyw yn ddihenydd,
Yn gadarn oesol, fel maenol mynydd,
O afael cur ac o afael cerydd,
O afael angau a'i boenau beunydd,
Yn ieuanc yn dragywydd – heb un pla,
Hardd Aiwnia, nad edwina'i deunydd.

II.
Daearolion wrth Aiwnia

Aiwnia, chwardd yn dy ddinych hirddydd,
Gwawdia, dyfala ein hoes i goedydd
Pwdr a chrin, i ysbail dail dolydd –
Carpiau olaf weddillion gaeafwydd.
Diau nad yw'n hoes ond dydd – wrth oesau
Diofid, diheiniau dy fyd dihenydd.

Ninnau, ni fynnwn fyw'n rhith fel tithau,
Oesi, teyrnasu hyd hirion oesau
Heb gynllwyn gwyllt gwanwyn na gwenau
Na dim i dorri'r diymod oriau.
Gwell ein byd er y penyd a'r poenau;
Cans ni bu un haf na bai gaeafau;
Ni bu un nefoedd na bai anafau;
Dau well ein byd a'i wallau – lle daw ton
O hinon dros ymylon cymylau.

Gorfoleddwn pan fo'r heulwen ennyd
Hyd erwau'r bau'n dod i yrru bywyd
A grymuster trwy weryd, – ias trwy âr,
Ireiddio daear a'i gwreiddiau diwyd.

A ŵyr Aiwnia londer dihalog
Gwyllt Fehefin a'i firi'n gyforiog
Trwy'r oror pan gano'r gog, – haf trwy hud
Yn claddu'i olud mewn cloddiau heulog?

Ba werth yw llwynau heb wyrth i'w llenwi,
Na ias bronnau o bydd hysb y rheini,
Nac enaid onis purir gan gyni?
Am ing aflawen byw a'i drueni
A'i waeau taer, beth wyddost ti, – na chwaith
Am yr afiaith a ddaw o geinwaith geni?

Dyn nid ydyw ond ennyd,
Ar awr bach fe dry o'r byd.
Hyfryd o ennyd heini
Yn wir yw honno i ni.
Profi'r byd, hudol olud,
Ennyd maith cyn gweryd mud.
Caru, drysu o draserch,
Onid maith rhin enaid merch?
Cymryd ein siawns a dawnsio,
Cymryd y byd fel y bo;
Cael rhan o wae'r hen ddaear
A'i gwasgu cu megis câr
Pan ddaw'r awr wedi tario
I huno'n grin yn y gro.

A aned o wraig nid hen ei drigo,
Yn heini heddiw, 'fory'n heneiddio;
Ond pan fo gwanwyn ar wyllt wanhwyno,
Daear o'i hir hun hithau'n dihuno
Ac araf ias gref is y gro – pa waeth
O daw alaeth? Chwarddwn cyn y delo.

RHYNGOM NI

Gwybyddwch, frodyr, na rois i fy mryd
Ar benbwl gabalistiaeth dysgedigion byd.
Un peth a geisiais i erioed –
Dyfalu cyfrinachau dyfna'r coed
A'r adar mân, pan dorro Mai'n
Gawodau blodau dros y drain,
A rhinio'r anesmwythyd gwâr
Yn treiddio'n sicr o dan bridd ac âr
I chwyddo'n un gorfoledd braf
Pan ddelo'r haf, pan ddelo'r haf …

Ni roddais unwaith fryd ar arian
Ond ar sglein yr haul ar ewyn marian;
Ni feddwais chwaith ar aur a'i wanc
Ond ar aur yr eithin ar y banc;
Ni theimlais wenwyn sur na chryd
Y dwymyn elwa ym marchnadoedd byd;
Ni'm llygad-dynnodd rhwysg un lordyn
Na gwanc na hoced cyfoethogion tordyn
Na thwyll cribddeilwyr seimllyd. N'ato Duw
Im ymgallháu a dysgu byw
A dysgu hwylio gyda'r gwynt
A chapio a sgrapio er mwyn y bunt …
Nid ymarddelwais yn fy myw
Ag unrhyw ddawn ond un gan Dduw –
Synhwyro'r hen ddoethineb sydd erioed
Rhwng dail y coed, rhwng dail y coed.

YR IFANC WRTH YR HEN

Hen ŵr, paham y pondrwch wrth y tân
A sôn am ogoniannau'ch dyddiau gynt –
Gwanwynau gwell na'n gwanwyn ni, a chân
Perseiniach adar, gwib tirionach gwynt,
A godidocach haul cynharach haf?
Pa les, yn wir, yw cwyno mor ddi-daw?
Siŵr iawn, fe welsoch lawer diwrnod braf
A llawer hefyd o bistyllio glaw …
Dewr eto yw curo c'lonnau'r adar bach
A chroyw eu lleisiau ym mhengrychedd llwyn;
Mae'r caeau'n glasu, ac mae'r awel iach
Fel gwin i'w hyfed ar bob ffridd a thwyn.
Hen ŵr, mae llanw'r nodd dan risglau'r coed
Ac ifanc gryf yw'r Gwanwyn fel erioed.

JEANNE D'ARC

Taeraist it glywed lleisiau'r Uchel Dduw –
Y lleisiau na chlyw meidrol ddyn – a byw;
Dy fai oedd ceisio dysgu'r doeth
Mai ffôl ffiloreg eu dadleua coeth.

Heb wyro, cerddaist dithau draw i'th dranc
A'th losgi'n ulw mân ar stanc
Yn nhref Rwon, bum canrif hir yn ôl
Am iti wrthod anwybyddu'r lleisiau ffôl …

Ond gwn i minnau glywed lleisiau'n don
Brynhawn o haf ar sgwâr Rwon.

YR AFLONYDDWYR

"Boddro chi, blant, r'ych chi'n ddigon o boen,"
Meddwn i yn eithaf piwis pa brynhawn,
A'r ddau grwt 'co wedi dod ar fy ngwarthaf
Pan oedd fy llyfr a'm myfyrdod yn felys iawn,
Pob un â rhwyd yn ei law, a lliw'r haul ar ei groen.
"Dowch, Dadi, dowch i ddal *butterflies*."
Dal *butterflies*! Yr achlod fawr,
Fel pe na bai gennyf reitiach gwaith!
Wel, allan â ni, ac yn wir ein tri wrth ein bodd,
A'r llyfr druan a'i bwnc yn angof llwyr,
Yn cwrsio'r gloÿnnod o'r ardd i'r lawnt,
O'r lawnt i'r lôn, ac o'r lôn yn ôl i'r ardd
A'r pethau bach gloyw yn hoyw ddianc o hyd,
Nes ein bod ein tri yn llwyr mas o bwff.
Ond diolch i'r gloÿnnod ac i'r ddau aflonyddwr bach,
Am ddangos imi wae a gwynfyd bardd.

Y FELIN A FÂL A FYN DDŴR

I.
Bu'n oedi oriau gyda'r hwyr
Yn synfyfyrio'n ddwys yng nghilfach pont
Yng nghanol baldordd croch y Ddinas hen.
I'w glyw dôi curo trwm ei chalon fawr
A thrai a llanw ei gwythiennau fil
Yn ymchwydd annos. Yntau'n cofio'r fflyd
Trueiniaid, mewn hualau tlodi'n gaeth
Yn hel eu tamaid prin o ddydd
Gan ddygnu byw trwy'r maith flynyddoedd gwyw
Wrth lafur blin eu dwylo'n gaethion hur.
Erioed ni thorrodd gwawr ar wae eu byd
A gorffwys mwyn yw marw ar ôl poen
A rhwygo croch, aflonydd stormydd oes
A'r bedd a ddrylliwyd draw ar foroedd Byw.

II.
Ac yng nghilfach dywyll y bont faen
Dechreuodd yntau amau'i bwyll ei hun.
Cynhyrfai'i nerfau'n wynias trwy ei waed
Gan ddeffro gwyllt arteithiau dros ei gorff
A ddrylliwyd eisoes, gan lafurwaith blin
Yn uffern fwll, ddi-haul y gweithiau dur.
Edrychodd ar y dŵr yn llifo 'mlaen
Gan ddyfal lapio am bileri'r bont
A gweflu'n goeg yng nghiliau'r bwa crwn;
A goleuadau gwelw lampau'r stryd
Yn chwarae mig ar hyd y tonnau mall
Gan wincio arno mewn dieflig 'sgorn.
Am ennyd tybiodd weled gwedd y Diawl
Yn galw arno'n ddi-baid yn y lli

A throi i wenu'n fingam arno dro.
Meddyliodd am y brawd o weithiwr llwm
A aeth, rhyw dridiau'n ôl, o'i dlodi'n rhydd
Trwy ddyfroedd lleidiog, du yr afon fawr
Rhag dod ar ofyn cyfoethogion hael
Y dref, a goddef deifiol fin eu gwawd.
Ni welwyd mono mwyach yn ei chwys
Wrth danau fflamgoch y ffwrneisi dur,
Nac unwaith yn y dafarn, gyda'r hwyr.
Rhwng pedwar aeth ei gorff i'w olaf daith
I fynwent gynnes wedi oerni'r byd
Ac yno'n ei thawelwch dechrau byw
Tu hwnt i ragrith byd a'i dwyllo hir
Lle nid oes golli ffydd, na gorffwyll wae.
Ac onid gwell fai iddo yntau 'nawr,
Fel hwnnw, "fwrw twll" yn llen y lli
A mynd i'w ganlyn, tua rhyddid draw?

III.

Meddyliodd am ei gartref yn y wlad
Ym mhentref tawel, tlws y Felin Wen
Lle cafodd nefoedd gynt cyn troi i ffordd
A'i fryd ymffrostgar ar y Ddinas fawr
A gobaith newydd yn y galon fach.
Ym merw chwil a gwallgof strydau'r dre
Anghofiodd bentre'i febyd, a'r holl rin
A'i maethai yno'n blentyn. Aeth ymlaen
I fyw'n anwadal yn ei ffordd ei hun
A cholli ysbrydoliaeth yr hen fro.
Ond heno'n druan llwm, ar war y bont
Daeth swyn yr hendre wen yn fyw i'w gof

Am ysbaid ciliodd twrw'r dref o'i glyw,
Anghofiodd ei holl wŷd a'i siomi brwnt
A chafodd heno weledigaeth gain
Fel fflach o enaid mewn rhyw oes o glai.

Wrth rythu'n swrth ar draws y nos a'r niwl,
Yn dangos iddo'r pentref megis cynt
A gwelodd eilwaith yr hen felin ddŵr
Fel cynt y'i gwelodd lawer hafddydd llon,
A'r nant yn llanw llwyau mawr y rhod
I'w gwthio'n esmwyth ar ddioglyd dro.
Wrth fôn yr olwyn cerddai'r ewyn claer
A'i frodwaith o lafoerion dros y pwll.
Yn ymyl canai'r pistyll arian glych,
A'i befrio fel troi cleddyf yn yr haul.
Drwy lygaid atgo gwelai'r felin hen
A'i muriau llwyd, yn aur ar anterth dydd,
A chochliw'n hedd a gosteg machlud gwin,
O dan ei bondo lluniai'r wennol las
Ei changen glai; ac wrth ei thalcen sgwâr
Ymdaenai cyfoeth gwyrdd y ddraenen wen
A'i changau'n wyrth o flodau can eu lliw
Pan fyddai holl wallgofrwydd Mai'n y tir.
Ymdyrrai'r plant yn fintai lawen, iach,
Pob canol dydd, ar frys o'r ysgol draw
I wylio'r rhod yn chwalu'n chwyrn ymlaen,
A gwrando'r suon hyfryd wrth y crych.
A chofiai yntau ganwaith weled Twm,
Yr hen felinydd ffraeth, yn grwm ei war,
Yn carthu gwely'r nant uwchben y rhod,
Gan fwmian wrtho'i hun ar bwys ei raw
Na roddai'r olwyn dro o'i rhan ei hun,
Fod rhaid wrth fwrlwm gloyw nant y cwm
Cyn gallai falu'r 'sgubau cras yn fflŵr
I borthi'r fro...
Ac felly rhedai'i gof
Wrth hoenus wylio hacrwch brwnt y lli
Yn llithro'n ddi-sôn draw i'r gwyll o'i flaen
I'r môr a'i dragwyddoldeb. Yr oedd gwir
Ac ystyr iddo heno 'ngeiriau Twm;
Bu yntau trwy'r blynyddoedd beichus hir

Yn ceisio malu'n ddiwyd heb y dŵr,
A byw heb ysbrydoliaeth yr hen fro.
Ystaeniwyd ffynnon bur ei enaid ef
Gan fryntni'r Ddinas. Daeth y drysni'n drwch,
Yn snêc, i rwydo'r nant a'i maethai gynt.
Nid eiddo heno hedd y lonydd cul,
Lle tynnai'r rhos a'r gwyddfid, ganol haf
Eu mil rubanau sidan dros y drain;
Lle storiwyd holl ddistawrwydd oesau'r byd.
Ni feddai heno ddewrder y clogwyni glas,
Ni fedrai bellach sefyll fel hwynt-hwy'n
Ddisyflyd o flaen gwae drycinoedd hallt
A derbyn pob sarhad heb wingo dim.

Diflaswyd ef wrth ganfod gwegi'r byd
A gweld mai creulon dwyll oedd caru dau;
Ac nad oedd ffydd ddim, namyn chwedl wag.
Mor wag â'r ffôl ddyheu am lanach byd;
A byw'n rhyw noson oer a chwerw o boen.
Dinoethodd hyd yr asgwrn ragrith gwael,
A phlymiodd i drueni dyfnaf dyn
A rhegi'i dwpdra hurt, dienaid, ef
A choegwych garnifal, ei fywyd blêr.
Bu'n herio nad oedd marw'n waeth na byw,
Ac nad oedd defnydd gwael ei fyw a'i fod
Yn ddim ond clai; mai ofer sôn am nef
Ac am ryw enaid bach a bery byth,
Can's marw ydyw diwedd pob rhyw fyw,
A thyn pob dydd i'w derfyn gyda chwsg,
A'r unig nefoedd wedi'r siwrnai oer
Fydd troi i dawel fro'r diddymdra maith.

IV.
Ond er y cyfan, ofer fu pob cais
A bywyd bas y dre yn nychu'i wedd,
A gwaith diweledigaeth wrthi'n lladd

Ei fryd. Ni ddaw a ddiystyrodd fyth
Yn ôl, canys byth ni ddychwel dafn
A aeth i'w daith annychwel dros y rhod...
A dyna pam roedd heno 'nghilfach pont
A'r gwynt yn gwatwar ei ynfydrwydd ef
A'i chwerthin slei, dichellgar, ar ei rawd
Trwy fwa gwag y bont, fel chwerthin oer.
Ac anobeithiol, lleng y meirwon prudd,
A gwybu'r truan heb ei amau mwy
I'w rod fach yntau, roi ei holaf dro,
A ffoi o'r dyfroedd olaf dros ei chant,
Ac nad oedd heno rhwng ei fframiau moel
Ddim namyn cwynfan rhyw awelig goll.

A throdd i wylio'r dŵr yn gweflu'n sur
A llif gwallgofrwydd trwy'r ymennydd tân.

ADLAIS Y DEFFRO

A'i wreiddiau'n ymledu ar draws y tir
Saif boncyff yn crino, dymhorau hir.

Nid oes ar ei gangau un ddeilen werdd,
Ac ynddynt yr adar ni chanant gerdd.

Mae deffro'r Gwanwyn ym mhrysgyll y fro:
Efyntau heb nodd yn ei gorffyn o.

Hwyl fawr i'r coed eraill yn gwrando'r sŵn
Wrth ollwng o Fawrth gynllyfanau'i gŵn.

Ond druan o'r ysgerbwd sy'n sbort i'r gwynt
Heb iddo ond adlais y deffro gynt!

BRAIN

Fe'ch gwelais yn clwydo'n eich croglofft goed
Wrth Alltycadno gyda'r nos,
A diog bendympian a gwrando'n ddoeth
Ar gyson ddrib-drab glaw'n y ffos;
Nes lledu, o'r diwedd, gysgadrwydd trwm
Dros anhyblyg rengoedd mud y cwm.

Hen fynaich arallfyd yng ngwyll eich clas
Yn cofio'r llwyd aeafau gynt,
Gan bondro a phondro'n y brigau mawr
Hen, hen athroniaeth glaw a gwynt;
Yn grwm yn eich cyflau lliw blac-y-lir
Yn efrydu cronicl moel y tir.

Yn rhythu a rhythu nes gwrido o'r wawr
Yn ddistaw bach ffenestri'ch cell,
A chodi o'r ceiliog ei gyntefig gri
I gyfarth cŵn buarthau pell;
Cewch wedyn fragaldian uwch coed y fron,
Etifeddion calltra Solomon.

HEN BREN

Hen onnen noeth lymun unig, – a'i dail
    Yn dew hyd lawr coedwig;
Yn ddi-ias, di-nodd ysig,
A brân yn crechwen o'i brig.

COED CELYDDON

(1947)

Y Dderwen grwca, grinion gangau,
Heb ddail, heb fes, aneirif oesau
Yn pydru'n ddi-lef yng Ngallt Hunllefau
Lle'n cuddiwyd ni sydd â'n meddyliau
Ar lwyr ddisberod ers hir ddyddiau
Er pan herciasom yn ysig o'r cadau, –
Glwyfedig, doredig gatrodau, –
O barth ing ac o byrth Angau: ysigion
Ddychweledigion heb ein synhwyrau.

Y Dderwen grwca, bwdr, a gryn,
Glafres yr allt, a'r allt yn ei chylchyn,
Bychan a ŵyr y byd ein gofid, na garwed gefyn
Gwallgofrwydd. Ni bydd sirioldeb haul uwch dyffryn
I ni, na gwanwyn na llais aderyn,
Breichiau merch, na gwên plentyn
Ni bydd i ni; – na phader nac emyn
Na gwychder iawnbwyll ein hechdoe. Ysgymun
Griw, a'n byw'n yr ofnadwy funudyn
Ddoe pan ddaeth arswyd i'w orsedd, a goresgyn
Hyd giliau'r ymennydd, cynhyrfu pob nerfyn.

Tragwyddolwyd hagr ddu eiliad dychryn
Eiliad y llam o'r awyrblan llosg; eiliad disgwyl y bwled sydyn,
Dirybudd o'r pentwr rwbel, o glochdy a murddun –
Dduw Dad pam na ddaw Doe i'w derfyn?
Pam na thau'n yr ymennydd yr ofnau hyn – a thewi
O'u hymadroddi yn y madruddyn?

Y Dderwen grwca, ni yw'r haelon rhy haelion
A fwriwyd dros gof, ac o olwg dynion,
A'n claddu rhag cwilydd yng Nghoed Celyddon
Rhag dyfod drychiolaeth i wledd y bolrythion
A'n gyrrodd â'u gweniaith i'r 'gwyllaith a'r gwyllon' ...

BRWYDR YR ANIALWCH

Ym mhobman clywsant alwad gwyllt y cnawd
Mewn ffair a marchnad ac ar gonglau'r stryd
A hynny beunydd beunos ar eu rhawd
Ar hyd dinasoedd anllad yr Hen Fyd,
Amneidio taer o falconi a drws
Yn llusgiad llygad ac yng ngosgedd llun
Breichiau a bronnau merch dan dorch a thlws
Nes hala'n wenfflam nwydau'r cnawd mewn dyn.
Ffoes yr hen Dadau i'r anialwch gwag
I geisio yn y swnd a'r poethwynt sych
Lonyddwch. Ni chawsant ddim. Yn ddi-nag
Dôi'r hen sioe gnawd o'u blaenau fel mewn drych.
Bradwr a lŷn yw atgof, byd a'i gŵyr,
Pan frwydro enaid am ddiweirdeb llwyr.

DEWI SANT

("Ac val y coffaysam ni dewi ynyuuched ehun. ae weithredoedd yny daear yma. velle y bo canhorthwywr ynteu ac ygrymoccao yeiriawl ynynheu geir bronn ygwir greawdyr ar gaffel trugared racllaw." Buchedd Ddewi.)

I.
Hen Ancr Llanddewi Brefi, da'i Gymraeg,
Fu'n trosi rhwng y moelydd unig hyn chwe chanri'n ôl
Historia Rhygyfarch, fab Sulien ddoeth,
A fu'n cynnull pob cyfeiliorn chwedl
A afradluniodd gwerin er dy glod
Yn gryno oll i'w gronicl,
Enrhyfedd ddeunydd y Bucheddau Saint
Sef gwyrthiau o'r groth, codi o'r marw
A lladd ysgrubliaid d'elyn a'u bywhau,
A pheri â'th weddi darddu o ffynnon win –
Nes gwneud ohonot ddewin, ffacir ffair,
A cholli golwg ar y gŵr mawr hwn,
Sef Dewi Sant ein nawddsant ni ...
Mawr resyn na roes inni ddarlun moel
A diymylwaith o'th lafurwaith blin
A gadael i'r gwirionedd dy fawrhau ...

Ond o sbio heibio'i ofergoeledd ef
Gwelwn dy enaid mawr a'th loywlew ffydd,
Dy ddewrder diofn a'th diriondeb hael,
Anhyblyg rym d'ewyllys na allai dim
Ei throi o'i rhawd, a'th bennaf rhinwedd oll,
Santeiddrwydd d'ostyngeiddrwydd gwâr,
A gwelwn yma hefyd geinwiw gamp
Dy ymdrech daer a'th lafur dros dy Grist
Yn Nyfed ac yng Nghymru.

II

Cau fy llyfr
A chau fy llygaid: gweld yr oesau'n ffoi
Fel cyflym ddirwyn rhôl yn wysg eu cefn,
Trwy lawer cyfnod du'n ystori'n gwlad
A heibio llawer darn o heulog ddydd
Nes cyrraedd Oes y Saint a'r carpiog fyd
A oedd ohoni 'Nghymru ac Ewrob oll
Y dwthwn hwnnw: hen wareiddiad gwiw
Rhufain yn gandryll ac yn siang-di-fang
Dan ddibris draed y Fandal garw a'r Goth.
A Phrydain hithau'n ddiamddiffyn wan
Heb nawdd yr eryr ymerodrol mwy –
Fu'n cynnal yma cy'd gyweithas drefn
Rhag tyrfus ymhyrddiadau'r Daniaid du
A bellach dros ein tir hi aeth yn nos
A chymysg derfysg blwng o gwr i gwr, –
Y goresgynwyr yn gwladychu'n ewn
Ddwyrain ein hynys, ac yng Nghymru'i hun –
Annedwydd ymraniadau ein penaethiaid mân;
Ac ar Ei weision y rhoes Duw y baich
O achub cenedl rhag ei gwae a'i gwarth –
Illtud a Theilo, Padarn a Chyndeyrn
A thithau – pond chwychwi, y Saint, a ddug
Oleuni mwyn i'r nos a ffagl y Ffydd
Ac adfer trefn ac undeb dan y Groes?

Fe'th welaf, Ddewi, ti a'th fintai fach
Ddisgyblion – gwŷr a'u c'lonnau'n dân
Fel tithau dros y Crist, a'r Groes o'ch blaen,
Yn cyrchu parth â Dyfed, gwlad yr hud,
A gwlad y duwiau a'r duwiesau heirdd
Rhiannon, Bendigeidfran, Mabon, Math;
Cartre'r dewiniaid hefyd – Gwyn ap Nudd
A Gwydion fedrus; caer derwyddiaeth lech –

A'i hebyrth dynol a'i defodau cudd
Yn nwfn fforestydd a rhialtwch gwyllt
Ei chnawdol wyliau geni a marw'r haul …
Fe'ch gwelaf ar eich taith, ddewr ryswyr Crist,
A'ch gorfoleddus salm yn rhwygo ust
Yr hafddydd mwll yn y Preseli serth,
Yn deffro eco yng nghreigiau'r Frenni Fawr
"Dyrchefwch, byrth, eich pennau a chwychwi'r
Tragwyddol ddrysau, tafler chwi ar led
A Brenin y gogoniant ddaw i mewn" …
Cyrraedd Pebidiog a Glyn Rhosyn cêl
A dotio uwch ei harddwch; eithin aur
Ac emrallt ddolydd yn un hugan lliw
O Ynys Daullyn hyd at fae Caer Fai
Ac wrth y traethau'r glasaf fôr a fu.

A dyma, Ddewi, fro dy dynged mwy
A man dy frwydro sanct hyd ddiwedd oes.

Mynd ati yn y Glyn i godi eich clas
Ger Alun fach barablus, loyw ei ffrwd;
Araf fu'r adeiladu yn y gors
A'r clai fel gelyn melyn dros bob man
Yn glynu wrth eich gwisg ac wrth eich traed;
Ond dygn fu'ch llafur, a phob gyda'r nos
Pan suddai'r haul i'r môr fel bwl o dân
Dros war Carn Llidi a Charn Leiti lwyd
Roedd newydd byst a thrawstiau yn eu lle.
Mor felys ar ôl maith galedi'r dydd
Oedd canu eich cwmplin cyn noswylio bawb –
Brawdoliaeth driw gariadus gweddi a gwaith …
Ond daeth gelynion heblaw'r gors a'r clai
I'ch blino yno.
Bwy sarrug drem
Hen bennaeth pagan lwythau'r tir
A geisiodd lestair lwydd eich gwaith a'ch lladd

A hithau'i wraig, Satrapa gyfrwys ddrwg –
Fe geisiodd honno sicrach arf na chledd –
A gyrru ei llancesi ger eich bron
Yn noethion er eich temtio; tost fu'r prawf
A chyrff marmorlyfn merched anllad, hy,
Yn siglo beunydd rhyngoch chwi a Duw
Ond chwi a orfu – fel eich arwyr gynt
Hen dadau duwiol, diwair Syria a'r Aifft,
Yn Nhabennisi ac ar Nitria fryn,
Ac 'r ôl pob sgarmes flin fe chwythai'r wawr
Awelon ffres o'r môr fel bendith Duw
Ar eich ymwadu ...

Caled iawn fu eich byw
Yn Nyfed, a'th reol, Ddewi'n gortyn caeth.
Roedd syml eich ymborth ac nid yfech win
Ond dafnau'r Cwpan Gwynfyd, gwaed eich Crist –
Ei Gymun Sanctaidd Ef eich unig foeth
Am eich ysgwyddau eich hun fe roech yr iau
A llusgo'r aradr drom i arddu'r tir
Rhag nychu'r ychen ac er cosbi'r cnawd ...

Ac felly gydol y blynyddoedd maith
A chlod dy glas ar gynnydd, dysgaist fyd,
Ac nid oedd ddydd ar na chanfuost wyrth
Dy Dduw yn Nyfed ac na welaist Grist
Yn bwrw allan ddemon trwy dy air
A phrynu enaid arall iddo'i Hun;
Na welaist ledu o'i Efengyl Lân –
A'r hedyn mwstard gwan yn tyfu'n bren
Ganghennog ym Mhebidiog, a thydi
A'th frodyr annwyl fel llusernau cu
Yn denu dynion i addoli eich Duw ...

Yn Senedd Frefi gwelodd Cymru oll
Dy degwch: aeth dy wylder mwyn

A'th bregeth i galonnau gwŷr fel saeth –
Esgobion ac abadau, dadau doeth,
Penaethiaid y taleithiau, gwelsant ŵr
A wyddai'r ffordd i'r dydd o'r trabludd blin –
Enwasant di'n Brif Esgob Cymru i gyd –
Lleferaist dithau air fel canu corn
A'r dwthwn hwnnw yng Nghymru torrodd gwawr …

"Nunc dimitis servum tuum, Domine" …
Hi ddaeth i tithau yn dy henaint teg –
Yr awr a ddaw i bawb o deulu dyn
Pan syrth y pridd i'w gytras briddyn llwm
Pan ffy yr enaid fry at Dduw a'i rhoes …
A cherddaist ffordd dy dadau gynt – i'th hedd.

III.
Ond cyn dy fyned, yn dy offeren olaf yn Nhŷ Ddewi
Cawsom gennyt wir neges fawr dy fywyd:
"Arglwyddi, frodyr a chwiorydd,
Byddwch lawen
A chedwch eich ffydd a'ch cred,
A gwnewch y pethau bychain a glywsoch ac a welsoch gennyf i.
Minnau a gerddaf y ffordd yr aeth ein tadau,
Ac yn iach ichwi," ebe Dewi.

TEYRNGED I ATHRAWES

(Soned o deyrnged i un o'm hathrawesau [soned a ddarllenwyd yn ei pharti ymadawol, Gorffennaf 9fed, 1963], a gyda'i henw hi y carwn gyplysu enwau pawb o'm hathrawon a'm hathrawesau yn Ysgol y Gwendraeth, 1927–34.)

Go brin, Miss Dora, y cofiwch erbyn hyn
Y bachgen swil, afrosgo, o gymysg iaith
A ddaeth i'r ysgol drannoeth i ddyddiau tyn
Y streic a'i chegin gawl, un naw dau saith.
Anaml oedd ei rasusau, ac ni wn
Hyd eto beth a welsoch ynddo ef
I beri ichwi gymryd arnoch bwn
Diwallu'i enaid a diwyllio'i lef.
Ond hynny a wnaethoch ag amynedd mwyn:
Rhoi hunanhyder lle bu pryder prudd,
Gwneud o'r anghyfiaith Gymro, gan ei ddwyn
I gyfri'r 'pethe' yn erthyglau ffydd.
Ac wele'r bachgen hwnnw heddiw'r prynhawn
Yn atal-dweud ei ddiolch o galon lawn.

"ISYLOG"

(Englynion i'r Parchedig Ganon Enoch Jones, wrth iddo ymddeol o olygyddiaeth Y Cyfaill Eglwysig yn Hydref 1957.)

Ei blwyf fu Cymru a'i phlwyfi; – yn ei lith
Mynnai le'n ei chartrefi;
Nyddai ei englyn iddi,
A'i bennill fu'i hennill hi.

Ymserchu ym maes ei orchwyl – y bu;
Byw i'w "Gyfaill" annwyl;
Wedi ymroi gyda mawr hwyl – dros hirddydd
Iawn i'r Golygydd yn awr gael egwyl.

A chawn weithian eich annog – ŵr hygar,
I'n hanrhegu'n serchog
 chyfrol goeth, gyfoethog; – cerddi mad
A thlws eu heiliad, "Cathlau Isylog."

SIÂP A RHIF

Fe wyddost ti yn eithaf da, fy merch,
Na ellir sgwâr o rownd
Ac nad yw dau a dau bob tro'n
Gwneud pedwar yn siŵr bownd
Ond mae'r dysgedigion pwyllog farn
Yn anghytuno â ni i'r carn …

Felly, meddir, y traethais lawn trigeinmlwydd yn ôl
Ar y radio o bobman, fy ngwrthebau ffôl,
A phwy oedd y ferch, dywedwch i mi,
Oedd â sgwardod a rowndod yn ei phoeni hi?
Ac odid na sylwodd wrth ddringo'r stâr
Fod dau a dau'n bedwar heb ddim yn sbâr.
Da gwyddai'r gwŷr hirben o ddawn a dysg
Fod cellwair â siâp a rhif yn goblyn o risg,
Ond och, beth a roiswn, yn henwr gwan,
Gael bod eto'n athronydd hanner-pan.

DWY GERDD AR ACHLYSUR EISTEDDFOD GENEDLAETHOL
LLANBEDR PONT STEFFAN, 1984

I. PE BAI

Pe bai Dafydd
Fel y bu gynt
Eto ar faeth yn Emlyn
Gyda'i ewythr a'i athro,
Llywelyn ap Gwilym,
Cwnstabl y Castell Newydd,
(*'Pob meistrolrwydd a wyddud',*
'ys difai y'm dysgud'
Meddai Dafydd amdano')
Yn y Ddôl Goch,
(*'Lle cynefin gwin, a gweini heilgyrn,*
Lle chwyrn, llwybr terfyn, lle beirw Teifi'),
Cyn dydd du yr arlloesi a'r lladd,
Dyna hwyl a gâi
Yn Eisteddfod Genedlaethol
Mil-naw-wyth-pedwar,
Mewn noson lawen a dawns
Yn cellwair â Morfudd a Dyddgu,
Ac ar y llwyfan
Yn cario ar bawb
Ar gerdd dafod a thant...

Rhwng Dafydd a'i steddfod
Mae darn o flynyddoedd ei fyw
A holl ganrifoedd ei farw;
Hen afon
Fwy'i berw na Theifi,
Hen ywen lydanfrig lydanwraidd
Yn Ystrad Fflur.

II. CROESO I'R WYL

Gwahoddwn, wrth gyhoeddi – y Brifwyl,
    Heb warafun, bawb iddi;
  Ar lawnt haf irlan Teifi
  I lên a chân galwn chwi.

Bydd Llambed er lleied lle'n – brifddinas
    Braf ddoniog yr awen, –
  Crefft a chelf yn eu helfen
  Yn bwrw hud ar ein bro hen.

Bro awen yw hon, – a heddiw
    Fe wyddom fod mawrion
  Yr astud gwmwl tystion
  Yma o'n tu yn llu llon.

Mae Idwal, dewin ysmaldod, – a Jacob
    A'i jôc, a'i wên barod,
  Eirug a Chledlyn hynod,
  Sarnicol na fu'n ôl o'i nod.

Dowch felly, Gymry, i'n gŵyl – yn wresog
    Bydd croeso i'ch disgwyl;
  Hapus a theg fo'ch egwyl
  Ym miri Awst. Boed mawr hwyl.

ENGLYNION AR ACHLYSUR YMDDEOL MR W S JONES

Y mae Sam yn haeddu'i ganmol – heddiw
    Ar ddydd ei ymddeol.
Ple ceir neb mor atebol
A thriw i'w waith ar ei ôl?

Solet fel swyddog llety – a solet
    'N seler a'r gwindy.
Pwyllog o hyd heb ballu,
Trefnus a gofalus fu.

Heddiw dymunwn iddo – a'i briod
    Bêr hoe i enjoio,
Dysgu'r nac o ymlacio,
Cymryd y byd fel y bo.

CYWYDD CYFARCH YR HYBARCH J S JONES

(Cywydd i gyfarch yr Hybarch J S Jones, Ficer Llanllwni a Chapel Dewi, a'i briod, ar eu hymddeoliad.)

  Ŵr hybarch, fe'th gyfarchwn
Draw ar bentalar dy rwn,
Can's wele, wrth ymddeol
Syth a hardd y gŵys o'th ôl.
Tra diwyd dy fywyd fu
A chefaist dy ddyrchafu
'N Ganon, Canghellor gorhoff,
'N Archddiacon hylon hoff,
Gan lenwi'r swyddi'n ddi-sen
Yn gymwys ac yn gymen;
Ond gwn, mwy taliad gennyd
O ran gwefr na rhain i gyd
Ymorol am blwyfolion
Yn eu hawr leddf a'u hawr lon,
A rhoi gwyrth y bara a'r gwin
I addolwyr ar ddeulin,
A thi a Nansi'n unswydd
Yn eich bro'n cynllunio llwydd.

Dda ddau, bydd eich eisiau chwi
Yn llan a phlwyf Llanllwni,
A Chapel Dewi'n ddiau
Drosto oll yn oer dristáu.

Yn awr, awr gollwng yw hi,
Awr troi isod o'r tresi,

Troi i hamdden 'r ôl trymddydd,
A throi o'r ymroi yn rhydd.

Diddan, heulog fo'ch dyddiau,
Iechyd a hwyl i chwi'ch dau.

"YN LIFRAI'R GŴR"

(I longyfarch y Parchedig W S T Morgan, BA, Ficer Llanbedr Pont Steffan gyda Silian, ar ben chwarter canrif yn yr offeiriadaeth, 1967–92.)

Gwasanaethodd Jacob am ei Rahel hardd
Saith o flynyddoedd hir o'r bron,
Ac nid oeddent, medd y Gair, yn ei olwg ef
Ond megis "ychydig ddyddiau" llon.
Gan gymaint ei gariad at y ferch
Aeth blwyddyn yn ddiwrnod, hyn yw syndod serch.

A'r Ficer, ar ôl chwarter canrif faith
O fynd a dod yn lifrai'r Gŵr
A'n prynodd oll, yn gweld y daith
Ond megis dechrau, ac mae'n siŵr
Gan gymaint ei ymlyniad wrth ei Grist
Na chafodd yntau stori'r daith yn stori drist.

Aed bellach yn llawn hyder yn ei flaen
Am chwarter arall o dan fendith Duw,
Gan droi ymhlith ei bobl a chyhoeddi her
Efengyl y Gwaredwr yn ein clyw;
Ac er na chaffwyf fi ei glywed wrth y gwaith
Boed rhai a'i clywo draw, draw ym mlwyddyn dwyfil un deg saith!

ENGLYNION
I'R CANON T R EVANS

AR EI BEN-BLWYDD YN BEDWARUGAIN

I'r Hybarch, llongyfarchion – ar gyrraedd
    Tir y gwir oedolion,
  T.R. y cyfaill tirion,
  A D.F.M. gyda'i ffon.

Ond ugain pedwarugain rhai; – rwyt ti
    Grwt diwyd o'r fintai,
  Dy lef dros Grist nid yw lai,
  Hyfryd gennyt Ei lifrai.

Wedi'r oes o dan dresi – a gefaist
    Y gofal a'r gweini
  Diatal, mae'n bryd iti
  Gael hoe yn awr, goeliwn i.

ENGLYN DIOLCH
I MR JOHN PHILLIPS

(Am ddarparu cyflwyniad o Hen Dŷ Ffarm, *D J Williams, ar dâp ar gyfer y deillion.)*

Bu'r nos yn cau am Aber-nant – a niwl
    Yn hel o dan amrant,
Ond llachar air o beiriant
Yn agor bwlch, a'u gyr bant.

MALWOD

Mae'n rhaid bod i'r falwoden – a'i theulu
    A'i thylwyth ryw ddiben;
  Yn yr ardd mor hardd ei hen
  Relwe dan sglein yr heulwen!

Y gastropod od ei wedd – myn gleidio
    Mewn gludiog lysnafedd,
  Mefus a letys ei wledd, –
  Hyn sy'n ennyn dicllonedd.

Cardod yng ngardd y ficerdy – ni chânt
    Drachwantus leng bygddu,
  Ond diflin gael eu taflu
  Dros y clawdd yn hawdd a hy.

YW NYFER

("More yews start bleeding..." – Western Mail *7.6.85)*

Yn ôl y papur newydd y mae dwy
Arall o hen yw Nyfer wedi magu'r clwy

Difeirlif gwaed. Ai cydymdeimlo mae'r coed
Â'u chwaer haemoffilig saith gant oed?

Barn y botanegwyr a'r llawfeddygon gwŷdd
Yw mai nam genetig sy tu ôl i'r colli sudd;

A chyda'u cymwysterau dysg a dawn
Mae'n bur debygol eu bod nhw'n berffaith iawn.

Ond mae cyflwr 'rhen fyd 'ma'n ddigon trist
I'r resin coch fod yn wir waed Crist.

CYFFES A GWEDDI

Yn gibddall ac ar ein cyfer
Y daethom i'r anial hwn, –
Hunllefdir brignoethni'r enaid, a'r gaeaf
Yn grin ar bob grwn.

Mileinig am ugain mlynedd,
A gwyllt fu ymgiprys gwanc:
O'n brawl y blagurodd y bomiau, o'n hoced
Y tyfodd y tanc.

Ni phallodd mo dro'r tymhorau
Na gwywo o'r pedwar gwynt,
Ni threiodd y moroedd o'r traethau, na chloffi
O'r haul ar ei hynt.

Ac wele ni'r ffyliaid yn tybio
Fod Heddiw'r un byd â Doe,
Ac wedi'r êl heibio'r anghysur, y camwn
Yn sionc i'r hen Sioe.

Grist Iesu, na ad inni ddychwel
I chwerw gyfundrefn chwant,
Rhag llygru ffynhonnau'r yfory, a thrennydd
Ddyfod pla ar ein plant.

ATODIAD

DWY YSGRIF

1. Tro'n y Wlad

(*Darn a gyhoeddwyd ym Mwletin Cymry'r Groes yn Nhachwedd 1945*)

Diau bod mannau tawel iawn yma a thraw yng Nghymru yn unigeddau mynydd a mawnog ond go brin ei bod hi mor hollol ddiystyr yn unman ag yr oedd hi ar yr heol sydd yn disgyn i Langeitho gyda blaenau afon Aeron, yng nghefn gwlad Sir Aberteifi, y dydd cyntaf o Awst eleni. Toc wedi hanner dydd oedd hi a heulwen gynnes dros gae a gwrych a gallt – heulwen a mudandod, fel pe bwriasai rhyw ddewin hud ar yr holl ardal.

Cerddwn yn fy mlaen trwy'r distawrwydd gan ddotio ar harddwch y wlad ar bob llaw – gwyrddlesni'r gweirgloddiau newydd-gywain a thywyllach gwyrddlesni dail y derw a'r ynn. Yn y pellter ar y dde cefais gip olwg ar furiau un o dai enwog Cymru yn sbio allan rhwng clwstwr o goed – y Cwrt Mawr.

Cyrraedd y pentref ymhen hir a hwyr: y plant wrth ei gwersi yn yr ysgol fechan a llawenydd oedd clywed eu Cymraeg yn dianc i'r heol trwy'r ffenestri. Ymlaen wedyn at gofgolofn Daniel Rowland, wrth dalcen y capel sgwâr. Daniel Rowland, wrth gwrs, a roddodd Langeitho "ar y map" – efe a fu'n tynnu'r tyrfaoedd o bedwar cwr Cymru i Gymun yn y pentref gwledig hwn. Mae'n syndod meddwl fel y deuai'r miloedd o dde a gogledd i gael gan y dyn hwn eu harwain at Dduw, i wrando ar ei bregeth ac i dderbyn o'i ddwylo y bara a'r gwin. Mewn cyfnod, cofier, pan oedd cyfleusterau teithio'n brin: ceir sôn, yn wir, am bobl o'r Gogledd yn cymryd llong hyd at Aberystwyth – ac yna'n cerdded i Langeitho! Yn sicr ni bu'r fath beth o'r blaen – os byth y bydd eto.

Gair bach am y golofn ei hun ynteu: mae'n hyfrydwch a rhywsut yn heddwch i enaid dyn, edrych arni. Er craffu'n fanwl methais weld enw'r cerflunydd yn unman ar y maen – a theimlwn fwy o barch tuag ato, pwy bynnag yr oedd, o'r herwydd. Yr unig beth a'm blinai oedd aneglurder llythreniad y frawddeg o eiddo Daniel Rowland ei hun sydd ar sylfaen y cerflun – ac oni bai bod gennyf grap ar y geiriau ymlaen llaw, credaf na buaswn wedi llwyddo i'w darllen o gwbl: "O Nefoedd, Nefoedd, Nefoedd, buasai dy gonglau'n ddigon gwag oni buasai Sïon yn magu plant i ti ar y ddaear." Cofiaf i mi gael anhawster cyffelyb gyda'r geiriau sydd ar y maen coffa newydd sydd ar fedd Williams, Pantycelyn, ym mynwent Llanfair-ar-y-bryn. Y mae'r garreg wreiddiol – gwaith rhyw hen saer maen gwlad, mae'n siŵr, yn dal i draethu ei neges yn blaen ac eglur er gwaethaf canrif a hanner o haul a glaw a gwynt.

Ar ôl bod yn ymdrin fel hyn, i ffwrdd â mi i waered dros bont yr afon i'r Eglwys: y fynwent yn edrych yn hynod lanwaith a'r wal o'i chylch newydd ei gwyngalchu: dwy hen ywen lydan gadeiriog o boptu'r llwybr yn edrych fel pe baent yno erioed (yr oedd ceudod ym moncyff un ohonynt a drws wedi'i roi arno, ac yno, mae'n debyg, y cedwir yr offer claddu!). Gwyn fyd na buasai pob offeiriad plwyf yng Nghymru'n dilyn esiampl rheithor Llangeitho a gadael yr allwedd yn nrysau eu heglwysi: peth go ddiflas yw cael drws Eglwys ar glo a dyn hwyrach wedi dod o bell i'w gweld. Adeilad cymharol fychan yw Eglwys Llangeitho ac yr oedd yn llai fyth – hyd y gangell yn llai – yn nyddiau Daniel Rowland, ac mae'n o anodd dychmygu am ddwy fil a rhagor yn cymuno yma ar yr untro – er cryfed y traddodiad sydd dros hynny.

Y peth cyntaf a wneuthum oedd bwrw golwg dros y "llyfre ymwelwyr" – a llawenydd oedd gweld cynifer o enwau cyfarwydd, yn offeiriaid a gwŷr lleyg – a rhai ohonynt yn Gymry blaenllaw. Buasai enwi neb ohonynt yng anghwrteisi ac yn rhy debyg rywsut i fradychu cyfrinach.

Y mae hen Feibl diddorol dros ben ar y ford lyfrau wrth y drws – Beibl a berthynai i John Rowland, rheithor Llangeitho a thad Daniel Rowland. Y mae'r tudalennau cyntaf mewn llawysgrifen gain a chryno – llawysgrifen John Rowland ei hun y mae'n debyg. Amheuthun hefyd oedd gweld cynnwys y ford lyfrau: tri neu bedwar copi o "Emynau'r Eglwys," rhifyn o'r *Cyfaill Eglwysig,* Bwletin Saesneg *Cymry'r Groes,* amryw lyfrau Saesneg, rhai yn ymdrin â'r genhadaeth, eraill yn llyfrau defosiwn, ac yn olaf ac yn rhyfeddod, *Yr Efengyl Dywyll,* sef casgliad o farddoniaeth y cyfaill J. Gwyn Griffiths! Wel, erbyn meddwl, pam lai? Onid gormod o bellter fu rhwng yr Eglwys a barddoniaeth Cymru yn y blynyddoedd diwethaf hyn?

Ar fy ngliniau wrth ddesg y Litani – a roddwyd gyda llaw, gan rywun er cof am Ddaniel Rowland, ac a saif yn union uwchben ei lechen goffa ar y llawr – bûm yn pendroni'n hir uwch hyn ac arall. Tybed a oedd y rhwyg rhwng Rowland a'i ganlynwyr a'r Eglwys yn anocheladwy? Ar bwy oedd y bai? Yma yn nhawelwch yr Eglwys – ym man cychwyn y rhwyg – gwelais bethau'n gliriach nag a wneuthum hwyrach erioed. Yn sicr yr oedd y ddwy ochr i'w beio. Duwioldeb tawel, pwyll a gweddustra yn ei haddoli – dyna yw, a dyna fu gryfder yr Eglwys erioed: yn ei hymwneud â Daniel Rowland trodd ei chryfder yn dramgwydd iddi: gwgodd yn ddrwgdybus ar frwdfrydedd pobl y diwygiad – iddi hi yr oedd yr arwyddion allanol, yr holl foli a'r gogoneddu cloch-uchel cyhoeddus – yn drais ar urddas a gweddusrwydd addoli. Diarddelwyd Daniel Rowland, gosodwyd sylfeini enwad newydd a chollodd yr Eglwys ei chyfle. Ond ar y llaw arall, rhaid bod elfen ystybwrn yn natur Rowland hefyd: diffyg gostyngeiddrwydd, hoffter at dra awdurdodi. Troseddodd drwodd a thro yn erbyn deddfau'r Eglwys yr urddwyd ef yn offeiriad ynddi, ac yr oedd yr Esgob o fewn ei hawliau wrth ei ddiarddelu.

Ac eto... yno yn Llangeitho ni allwn lai na meddwl... beth petasai'r Eglwys wedi dal ar ei chyfle? Beth petasai'r Esgob wedi trwyddedu Daniel Rowland yn "bregethwr cyhoeddus" ac ymddiried y gwaith o efengyleiddio'r Esgobaeth i'w law? A beth petasai Daniel Rowland yntau wedi ymgadw rhang tramgwyddo'r ddeddf a'r arfer Eglwysig a mynd ati i ddwyn ei waith ymlaen y tu fewn i fframwaith yr Eglwys? A beth petasai...? Ond beth dâl siarad a hithau'n drannoeth y ffair fel hyn. Fel arall y bu. Ond nid hwyrach na ddaw eto ddyddiau gwell yn hanes crefydd Cymru ac y gwelir eto ddydd aduno a chyfannu. Os byth y daw, bydd Daniel Rowland yn ddolen gysylltiol bwysig.

Gobeithio y maddeua Rheithor Llangeitho i mi am gymryd hyfdra fel hyn ar ei blwyf a'i Eglwys. Dyma'r tro cyntaf i mi fod yn Llangeitho: yn sicr mi af yno eto pan ddaw'r hwyl.

2. Tyddewi

(Darn a gyhoeddwyd yng nghylchgrawn Cymry'r Groes *yng ngwanwyn 1948)*

Na, nid wyf am sôn dim yn uniongyrchol am Ddewi Sant yn y pwt ysgrif yma. Nid prinder gofod a bair i mi ymatal, oherwydd gellid gwasgu'r cyfan a wyddys i sicrwydd amdano yn gyffyrddus i ychydig linellau pe bai galw. Eisiau sôn sydd arnaf yn hytrach am y lle a enwogwyd gan Ddewi – y ddinas fechan hon (a da chwi, ymswynwch rhag cyfeirio ati fel "pentref" yng nghlyw neb o'r "dinasyddion," er mai dyna ydyw, a siarad yn blaen); am yr eglwys wemp sydd yn ei chanol; am y wlad ryfedd sydd o'i chwmpas. A gwlad ryfedd, yn wir, yw Dyfed, fel y deallodd hen awdur y Pedair Cainc yn burion dda – gwlad hud a lledrith ydyw. Nid sôn yn hanesyddol a fynnwn ychwaith, er bod yma gyflawnder o hanes, byd a'i gŵyr. Hanes a chyn-hanes, hynafiaeth oesol, dyna sydd i'w deimlo yma – ffynnon a chromlech a chrair; Carn Llidi, Porth Lisci, a Chlegyr Boia. Siarad y maent oll am gyfnod sy'n hŷn na'r un cronicl na brut. Ond, yn hyn o lith, hoffwn draethu am naws ac awyrgylch y lle, ei "ystyr hud" – y meddyliau sydd bob amser yn cronni ynof o glywed ei enwi.

Od oes synnwyr mewn dal fod i le ei briod, ysbrydol liw ei hun, buaswn yn dweud yn ddibetrus, fy hunan, mai llwyd yw priod liw Tyddewi, a hynny er bod yma helaethrwydd dibrin o liwiau llachar ar bob llaw – pridd fioled, caeau ("parci," chwedl pobl dda Dyfed) emrallt, y môr glasaf, yr ewyn gwynnaf a'r tywod melynaf a welsoch â'ch dau lygad erioed. Ac yn wir i chwi, y mae gweld yr eithin yn eu llawn flodau yma, yn y gwanwyn cynnar, yn ddigon i godi i ben y dyn mwyaf sobr a rhyddiaethol. Anodd fyddai cael bro fwy lliwus na hon. Ie, a digon gwir; ond eto, llwyd yw lliw Tyddewi. "Duw lwyd," meddai'r hen Gymry gynt; llwyd sancteiddrwydd, a dyna lwyd Tyddewi. A oes, tybed, ar glawr daear, rai ardaloedd, rai mannau, lle y mae'n haws, rywsut, "adael tir" a threiddio i fyd yr Ysbryd? A bwrw bod, y mae Tyddewi yn sicr ddigon yn un ohonynt. Beth bynnag, mi wn nad af i yno mwyach un amser heb deimlo iasau dieithr. Nid lle i ymweld ag ef bob yn eilddydd mo Dyddewi, mi gredaf i, na phob yn ail flwyddyn ychwaith. Unwaith bob deng mlynedd a fyddai'n gweddu, a hwyrach y byddai unwaith bob ugain mlynedd yn gweddu'n well fyth. Cofier, fel yr ystyrid gynt, fod dwy bererindod i Dyddewi yn gyfwerth mewn gras maddeuol ag un i Rufain – a thair yn gyfwerth â mynd i'r Tir Sanctaidd ei hun. Ac atolwg, pwy ohonom ni, bobl gyffredin, a all fforddio un daith, heb sôn am ragor, yn ein hoes, i na Rhufain na Chaersalem bell? A da hynny, efallai. Digon yw gwybod bod Rhufain yno o hyd ar ei seithfryn; a digon yw gwybod hefyd fod Tyddewi yno o hyd, ym mhenrhyn eithaf Dyfed. Y mae cynefindra, meddir, yn magu dirmyg, ac os digwydd hynny i ni gyda Thyddewi – wel, fe fydd rhywbeth gwych a gwiw odiaeth wedi mynd i golli gennym.

Os caf daro nodyn mwy personol, a thrwy hynny ddadlennu tipyn ar fy mhenfeddalwch fy hun, rwy'n cofio'n dda yr awydd mawr a fu arnaf am weld y lle cyn erioed i mi fynd yno. Os ydych yn cofio, "Tyddewi" oedd testun y Gadair yn Eisteddfod Genedlaethol Abergwaun ryw ddeuddeng mlynedd yn ôl, a chofiaf hyd heddiw fel y bu i mi yr adeg honno, a minnau'n laslanc ugain oed, ryw gyfrin fyfyrio... hwyrach... efallai... o bosibl... y medrwn ganu awdl petawn ond yn cael mynd i'r fan a'r lle – a gweld! Tipyn o rodres ffôl, breuddwydiol crwt oedd hynny, wrth gwrs, ac ni chollodd Cymru yr un campwaith llenyddol am na lwyddais i fynd yno! Ond daliodd Tyddewi i alw. Ac ymhen y rhawg fe ddaeth y cyfle, yn annisgwyl, fel y daw cyfle'n fynycha'. Lwc o anlwc a ddaeth â mi i Dyddewi yn y diwedd; ac nid i dreulio diwrnod neu ddau yno, ond yn hytrach rai misoedd. Yr oeddwn ar y pryd yn aelod o

Goleg Sant Mihangel, Llandaf – ac fel y gwyddys, un noson yn Ionawr 1941, fe ddarniwyd rhannau helaeth o adeiladau'r coleg mewn cyrch awyr. Gwyliau'r Nadolig oedd hi, drwy drugaredd, a phawb i ffwrdd, neu pwy a ŵyr na fyddai'r Eglwys yng Nghymru heddiw ryw gymaint yn brinnach o offeiriad nag y mae. Sut bynnag, penderfynwyd symud i Dyddewi ar gyfer y tymor wedyn a thros barhad y rhyfel. Ac felly i Dyddewi y deuthum, un hwyrnos dywyll yn Chwefror. Disgyn o'r bws yn Stryd yr Afr – nifer o gyfeillion a minnau – ac i lawr â ni i'r Canondy, yn llwythog ac ar lwgu. Ni welsom, y noson honno, namyn düwch enfawr cysgod yr Eglwys yn unig; ond gwelsom ddigon hefyd, wrth olau lantern, i wybod ein bod mewn lle pur anghyffredin – strydoedd culion, gwyrgam, muriau yn falurion bylchog, grisiau anwastad niferus. Bu'n rhaid aros tan drannoeth i gael cyflawn olwg ar y dyffryn bach bas a brwynog a moel yma, gyda'i eglwys gadeiriol urddasol, hardd, a'i ddau adfail ysig – y naill yn goleg a'r llall yn blas esgob gynt, gyda'i afonig fechan a'i haml bont garreg.

Gwelais yr eglwys gadeiriol lawer gwaith wedi hynny – gwelais hi'n rhosliw dan haul bore o haf, yn gwrido'n fflam yn awr y machlud, yn gannaid oer yng ngholau lleuad lawn: ond rywfodd erys y gweld cyntaf yn annileadwy: bore chwefrorol, gaeafol, â'r niwl yn rhwyd am ei thŵr a'i tho. Felly y gwelais i Eglwys Ddewi am y tro cyntaf erioed, a dyna'r darlun a erys mwy; pryd bynnag y'i gwelaf eto, bydd y gweld cyntaf hwnnw yn gymysg â phob gweld arall. Camu trwy'r porth yn y gorllewin, ac i mewn, aros yn stond, synnu a hir ryfeddu at yr ehangder uchel, pilerog, ysgafn a golau o'm blaen. Tyddewi! Gwelais y lle, y bore hwnnw – a'i arogli hefyd, oherwydd y mae sawr i'w glywed yma na sawrais yn unman arall erioed – 'dwn i ddim ai lleithder yn codi o'r gors yr adeiladwyd yr eglwys arni ydyw ai peidio. Ond gwn, os clywaf ef eto, waeth yn y byd mawr lle y byddaf, fe'm cipir yn ôl ar fy union i Dyddewi, yn Nyfed. Mentraf ddweud na theimlodd yr un pererin o'r Oesoedd Canol fwy o aidd a gorawen nag a deimlwn i y bore hwnnw. Yn wir, yn wir, ymglywn yno, yng nghorff yr eglwys wrth edrych i gyfeiriad côr a changell ac allor, i'r byw â holl basiant gorffennol Cymru. Y Gwyddel a'r Brython, y Cymro, y Norman a'r Sais – buont yma i gyd yn eu tro, a chyfrannu o'u hathrylith a'u crefft at degwch y muriau hyn.

Do, a bu brenhinoedd a mawrion daear ar eu pererindod yma o bryd i'w gilydd – o Wilym y Gorchfygwr ymlaen – a rhai ohonynt gydag amcanion digon cymysg. Bu gwerinwyr syml, gwladaidd yma hefyd ar hyd yr oesoedd, yng ngrym eu ffydd a'u cred, ar ddeulin wrth yr allor lydan hon, yn eu hadfyd a'u hawddfyd, a'u gweddi ar Dduw ac ar Ddewi. Ac yn fy nhro bûm innau.

Af, mi af i Dyddewi eto, a gwn y bydd yr hen deimladau eto'n tarddu yn nirgelfannau'r galon – anniddig hiraeth, anniffiniol dangnefedd a hyfryd hoen. Caf weld, fel Pryderi a Manawydan gynt, "gawod o niwl... ac yn ôl y niwl... goleuhau pob lle." A'r dwthwn hwnnw eto, fe fydd i mi "hud ar Ddyfed".

Am restr gyflawn o lyfrau cyfoes Y Lolfa,
mynnwch gopi o'n Catalog newydd, rhad
– neu hwyliwch i mewn i'n gwefan

www.ylolfa.com

i chwilio ac archebu ar-lein.

y Lolfa

TALYBONT CEREDIGION CYMRU SY24 5AP
e-bost ylolfa@ylolfa.com
gwefan www.ylolfa.com
ffôn (01970) 832 304
ffacs 832 782